什么是社会主义民族区域自治制度

主　　编　闫　玉
副 主 编　孔德生　王雪军
本册作者　张春宇

中华工商联合出版社

图书在版编目（CIP）数据

什么是社会主义民族区域自治制度 / 张春宇编著. --北京：中华工商联合出版社，2014.3
（马列主义知识公民读本）
ISBN 978-7-5158-0847-5

Ⅰ. ①什… Ⅱ. ①张… Ⅲ. ①民族区域自治－研究－中国 Ⅳ. ①D633.2

中国版本图书馆 CIP 数据核字（2014）第 036020 号

什么是社会主义民族区域自治制度

作　　者：张春宇
出 品 人：徐　潜
策划编辑：魏鸿鸣
责任编辑：魏鸿鸣
封面设计：徐　超
责任审读：郭敬梅
责任印制：迈致红
出版发行：中华工商联合出版社有限责任公司
印　　刷：固安县云鼎印刷有限公司
版　　次：2014 年 4 月第 1 版
印　　次：2021 年10月第 2 次印刷
开　　本：155mm×220mm　1/16
字　　数：74 千字
印　　张：10
书　　号：ISBN 978-7-5158-0847-5
定　　价：38.00 元

服务热线：010－58301130
销售热线：010－58302813
地址邮编：北京市西城区西环广场 A 座 19－20 层，100044
http://**www.chgslcbs.cn**
E-mail：cicap1202@sina.com（营销中心）
E-mail：gslzbs@sina.com（总编室）

目 录 Contents

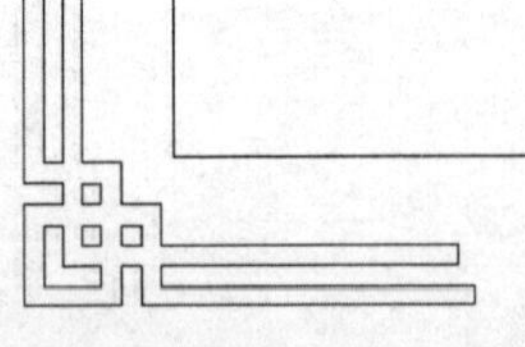

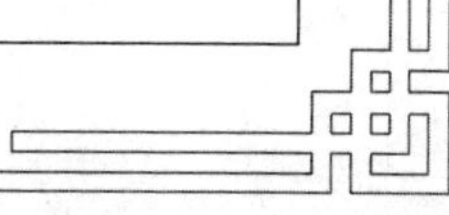

前　言

中国是世界上历史最悠久的国家之一，各族人民共同创造了光辉灿烂的中华文化。中华人民共和国是全国各族人民共同缔造的统一的多民族国家，我国现已确认拥有 56 个民族。有民族就有民族问题存在，民族问题是当今世界上最为复杂和敏感的社会问题，已经成为许多国家进退盛衰的重要因素。因此，能否正确认识处理民族问题，对于多民族国家来说，是关系兴衰治乱和生死存亡的问题。我国解决国内民族问题，没有照搬前苏联的经验，中国共产党把马克思主义民族理论的基本原理与我国的民族问题的具体实际相结合，走出了一条具有中国特色的解决民族问题的道路，就是实行民族区域自治制度，保障各民族平等，促进各民族共同发展繁荣。

民族区域自治制度，作为解决国内民族问题的创举，成为推动党和国家全局工作顺利发展的重要保证，在新的历史条件下，应进一步坚持和完善民族区域自治制度，为全面建设小康社会和构建社会主义和谐社会服务。

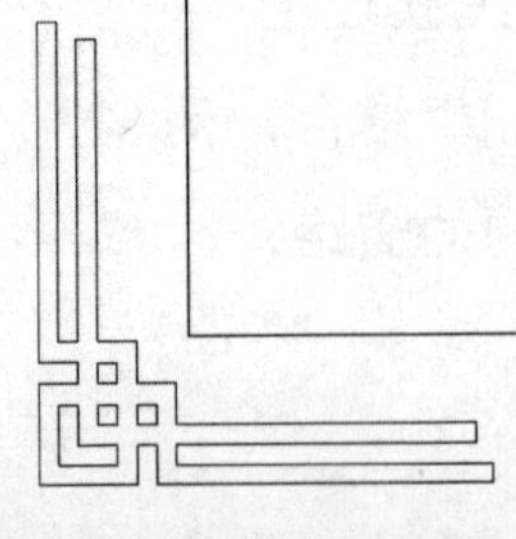

一、什么是社会主义民族区域自治制度

（一）民族区域自治制度的概念

民族区域自治是我们党解决民族问题的基本政策，是国家的一项基本政治制度。实行这种制度，体现了社会主义中国坚持实行各民族平等、团结、合作和共同繁荣的原则，体现了民族因素与区域因素、政治因素与经济因素、历史因素与现实因素的统一。

中国是一个统一的多民族国家，在 56 个民族中，汉族人口最多，其他 55 个民族人口较少，习惯上被称为少数民族。2010 年 11 月开展的第六次全国人口普查统计，各少数民族人口为 113792211 人，占 8.49%，比 2000 年上升 0.08 个百分点；少数民族人口十年年均增长 0.67%，高于汉族 0.11 个百分点。

世界上的多民族国家在处理民族问题方面有不同的制度模式，如联邦制、邦联制、民主自治等。中国作为占世界人口近1/5的最大的社会主义国家，在处理民族问题时采用的是民族区域自治制度。民族区域自治制度，是指在国家统一领导下，各少数民族聚居的地方实行区域自治，设立自治机关，行使自治权的制度。其前提是国家的集中统一，核心是自治机关行使自治权，根本目的是实现各民族共同团结奋斗、共同繁荣发展。

目前，我国民族自治区自治地方共计 155 个，其中包括 5 个自治区、30 个自治州、120 个自治县（旗)。在 55 个少数民族中，44 个民族实行了区域自治，实行区域自治的少数民族人口占少数民族总人口的 71%，民族自治地方占全国总面积的 64%。新中国成立六十多年特别是改革开放三十多年来，我国民族自治地方经济社会发展取得巨大成就，少数民族当家做主的权利得到切实尊重和保障，各族人民的大团结不断巩固发展。实行民族区域自治，巩固和增强了国家统一的政治基础和社会基础，有力地抵御了境内外民族分裂势力的各种破坏和渗透。实践证明，民族区域自治制度有着巨大的优越性和强大的生命力，是完全适合我国国情的解决民族问题的正确制度。

民族区域自治制度主要包括以下内容：第一，各民族自治地方都是中华人民共和国不可分割的部分，各民族自治地方的自治机关都是中央统一领导下的地方政权机关；第二，民族区域自治必须以少数民族聚居区为基础，是民族自治与区域自治的结合；第三，在民族自治地方设立自治机关，民族自治机关除行使宪法规定的地方国家政权机关的职权外，还可以依法行使广泛的自治权。民族区域自治制度是我国的基本政治制度之一，是建设中国特色社会主义政治的重要内容。

（二）民族区域自治制度的历史及其发展

我国是一个幅员辽阔的多民族国家。少数民族呈现出大杂居、小聚居和交错居住的格局。确立什么样的制度和模式来解决我国的民族问题，是一个十分重大的问题。中国共产党自成立的那一天起，就高度重视民族问题，在实践中逐步提出并实行民族区域自治制度，开辟了适合中国国情、具有中国特色的解决民族问题的正确道路。这极大地丰富和发展了马克思列宁主义关于民族问题的理论，也有力地促进了我国民族问题的解决。中国的民族区域自治制度从探索到最终确立经历了四个时期。

第一时期，中国共产党对解决民族问题政治形式的探索。

中国共产党成立之后，运用马克思主义民族理论，并结合当时中国革命的实际情况，一方面坚决反对国民党实行的民族压迫和民族歧视政策，坚持民族平等与民族团结的方针，主张实行彻底的、真正的民族平等；另一方面又积极探索解决民族问题的有效办法。这一时期的探索主要分为以下两个阶段。

第一阶段：主张民族区域自治。

在中国共产党建立初期，由于对我国的历史和现状，特别是对我国各民族的情况缺乏了解，我们党解决国内民族问题的思路，较多地受到共产国际特别是苏俄模式的影响。从1922年7月党的二大一直到七大，我们党解决国内民族问题的主张包括民族自决、联邦制、民族自治，但基本主张是在“民族自决”的基础上建立多民族的“联邦共和国”。

1938年10月，毛泽东同志在党的六届六中全会上作了《论新阶段》的报告，较全面地阐述了我们党解决国内民族问题的主张。他指出：“允许蒙、回、藏、苗、瑶、夷、番各民族与汉族有平等权利，在共同对日原则下，有自己管理自己事务之权，同时与汉族联合建立统一的国家。”这为我们党在后来确定实行民族区域自治打下了思想基础。与此同时，我们党对在统一的国家内实行民族区域自治，在实践上也作了初步的探索。

长征途中，曾帮助少数民族建立了甘孜博巴政府、豫海回民自治政府等。抗日战争时期，党建立了若干有少数民族参加的抗日民主政权和民族自治政权，实行一定区域内的民族自治。我们党关于实行民族区域自治的思路，在实践和斗争中逐步明晰起来。

第二阶段：建立民族自治地区。

抗日战争胜利前夕，内蒙古的形势十分复杂，有王公贵族搞的“高度自治”，有国民党操纵的“地方自治”，有日本帝国主义扶植的“独立自治”。在领导内蒙古自治运动的过程中，特别是1945 年 2 月雅尔塔会议之后，我们党意识到，用联邦制解决民族问题存在着被大国操纵和利用，可能会导致国家分裂的巨大危险。因此，在抗日战争胜利后，我们党关于解决国内民族问题的政策主张发生了重大转变。1945 年 10 月，党中央发出《关于内蒙工作的意见》，提出在内蒙古实行民族区域自治，建立自治政府。1946 年 2 月，党中央明确指示：内蒙古的工作，根据和平建国纲领中关于民族平等自治的要求，不应提独立自决口号。这是中国共产党第一次明确提出放弃民族独立自决的口号，表明我们党自觉地把民族区域自治作为解决国内民族问题的基本方式。在党的领导下，1947 年 5 月 1 日，内蒙古自治政府成立。这对在新中国成立后，我们党最终确定实行民族区域自治，起到了重要作用。

第二时期，我国民族区域自治制度的正式确立。

新中国的建立，标志着民族压迫制度的结束和民族平等新时代的开始。相应地，民族区域自治制度也进入了新的发展阶段。我们党和国家继续强调实行民族团结和民族平等的方针，特别是根据我国的历史情况、民族关系确定了在少数民族聚居区实行民族区域自治。

1949 年 9 月 29 日，中国人民政治协商会议第一届全体会议通过了起临时宪法作用的《共同纲领》，以法律的形式确认了党的民族政策，成为新中国成立初期民族立法的基础。新中国成立初期，我国还陆续颁布了一些保障杂散居少数民族平等权利的规定。比如，1952 年 2 月政务院发布了《关于地方民族民主联合政府实施办法的决定》和《关于保障一切散居的少数民族成分享有民族平等权利的决定》。1952 年 8 月 8 日中央人民政府委员会第 18 次会议批准施行的《民族区域自治实施纲要》，以《共同纲领》所确立的原则为依据，就民族区域自治问题作了详细规定。该实施纲要包括："总则"、"自治区"、"自治机关"、"自治权利"、"自治区内的民族关系"、"上级人民政府的领导原则"和"附则"，共7章、40条。该实施纲要对民族区域自治制度的进一步确立和全面推行，发挥了积极作用。中央人民政府根据《共同纲领》和《民族区域自治实施纲要》的规定，在全国范围内积极推行民族区域自治，陆续建立了一批自治州、自治县（旗）以及民族乡（镇），形成了三级地方自治的体系。

1954年颁布实施的《宪法》以国家根本大法的形式进一步肯定了民族区域自治制度。其中，第3条规定："各少数民族聚居的地方实行区域自治。各民族自治地方都是中华人民共和国不可分离的部分。"

20世纪五六十年代，我国开始在少数民族聚居的地方全面推行民族区域自治。1955年10月，新疆维吾尔自治区成立；1958年3月，广西壮族自治区成立；1958年10月，宁夏回族自治区成立；1965年9月，西藏自治区成立。这样，我国先后建立起5个自治区，并延续至今。

第三时期，我国民族区域自治制度的全面恢复与重新确立。

在十年动乱期间，我国民族区域自治制度遭到严重破坏，少数民族中的许多干部和群众受到伤害。1978 年底，党的十一届三中全会提出把党和国家工作重心转移到经济建设上来的根本指导方针，从此我国进入了一个崭新的历史时期，民族工作也进入了新的发展时期。1981 年 4 月，党的十一届六中全会通过的《关于建国以来党的若干历史问题的决议》提出："必须坚持实行民族区域自治，加强民族区域自治的法制建设，保障各少数民族地区根据本地实际情况贯彻执行党和国家政策的自主权。"

1982 年《宪法》不仅重新确立了我国的民族方针政策，而且在深刻总结我国实行民族区域自治制度以来经验教训的基础上，全面恢复了 1954 年《宪法》有关该制度的原则和主要内容，并根据新形势增加新的内容，对民族区域自治制度进行了新的更为完善的规定。1984 年 5 月 31 日六届全国人大二次会议审议通过了《民族区域自治法》，这是我国第一部关于民族区域自治的专门法律。《民族区域自治法》全面总结了我国实行民族区域自治制度30多年的经验和教训，使《宪法》关于民族区域自治的基本原则得到了具体体现，使得维护和发展我国社会主义民族关系进一步法律化、制度化。

第四时期，我国民族区域自治制度的发展和完善。

《民族区域自治法》的颁布实施，在保障民族地方的自治权利，巩固和发展平等、团结、互助和共同繁荣社会主义民族关系，促进民族自治地方的改革、发展和稳定，维护国家的统一等方面，发挥了重要作用。同时，随着我国经济社会的发展，该法的一些规定已不适应新的情况。因此，九届全国人大常委会第20次会议于2001年2月28日对《民族区域自治法》作了适当修改，科学总结了该法颁布实施以来的成功经验，充分反映了民族地区政治、经济、文化建设的新形势和新要求，民主法制建设和民族工作进入新的发展阶段。

党的十六大以来，中央进一步对民族工作、对坚持和完善民族区域自治制度等作出了一系列重要指示。党中央于2005年召开了中央民族工作会议，中共中央、国务院作出了《关于进一步加强民族工作加快少数民族和民族地区经济社会发展的决定》，这个文件是改革开放以来党中央关于民族问题的第一个重要文件，也是一个纲领性的文件。党的十八大报告把人民代表大会制度、共产党领导的多党合作与政治协商制度、民族区域自治制度和基层民主制度等基本政治制度确立为中国特色社会主义制度，并集中表述了民族政策："全面正确贯彻落实党的民族政策，坚持和完善民族区域自治制度，牢牢把握各民族共同团结奋斗、共同繁荣发展的主题，深入开展民族团结进步教育，加快民族地区发展，保障少数民族合法权益，巩固和发展平等团结互助和谐的社会主义民族关系，促进各民族和睦相处、和衷共济、和谐发展。"

实践充分证明，民族区域自治制度是我国的一项基本政治制度，是根据我国的历史发展、文化特点、民族关系和民族分布等具体情况作出的制度安排，是发展社会主义民主、建设社会主义政治文明的重要内容，是党团结带领各族人民建设中国特色社会主义、实现中华民族伟大复兴的重要保证，符合各民族人民的共同利益和发展要求。

（三）中国共产党历代领导集体对民族区域自治的历史贡献

民族区域自治制度是中国共产党人将马克思主义民族理论与中国民族问题的实际相结合的成功创举，是我国解决民族问题的一项基本政策和基本政治制度。它具有极大的优越性，是解决我国民族问题的一把钥匙。在我国民族区域自治制度的确立、巩固和发展的过程中，以毛泽东、邓小平、江泽民、胡锦涛为主要代表的中国共产党人都做出了重大的贡献。

第一，以毛泽东为代表的中国共产党人，将确立并实施民族区域自治制度作为基本国策，开创了中国特色解决民族问题的正确道路。

民族区域自治是新中国的一项基本国策。以毛泽东为代表的中央领导集体提出的以民族平等、自治和国家统一为原则的解决国内民族问题的主张，是创立具有中国特色的民族区域自治理论的基石。确立实行民族区域自治，是我们党经过艰辛探索、长期实践、反复比较得出的必然结论。中国共产党从成立之日起，就对采用什么样的国家结构形式来解决民族问题进行了不懈的探索。土地革命时期，我们党就提出了民族区域自治的主张，并进行了初步的探索和实践。抗战胜利前后，我们党冷静观察国内外的复杂局势，总结、吸取经验教训，及时举起了民族区域自治的大旗。在党的领导下，1947 年 5 月 1 日，内蒙古自治政府宣告成立，内蒙古各族人民从此走上了一条崭新的道路。内蒙古的成功实践，为我们党在全国推行民族区域自治积累了宝贵的经验。1949 年 9 月，中国人民政治协商会议第一届全体会议通过了起临时宪法作用的《中国人民政治协商会议共同纲领》。《共同纲领》规定在各少数民族聚居区，按照民族大小和聚居的人口多少，建立相应的民族自治机关，实行民族区域自治。从此民族区域自治正式成为我国的一项基本政策，标志着我们党创造性地找到了一条解决民族问题的正确道路。1952 年《中华人民共和国民族区域自治实施纲要》，对民族区域自治制度作了具体的规定，规定可以建立乡（村）、区、县、专区及以上的自治地方，不同级别的民族自治地方都称为“自治区”。

1954年宪法以国家根本大法的形式对民族区域自治进行了规范，明确规定民族自治地方分为三级：自治区、自治州和自治县，以民族乡为重要补充形式。。此后，民族区域自治的实践在全国获得了全面推广，陆续建立了新疆、广西、宁夏、西藏四个省级民族区域自治政府，并在青海、甘肃、新疆、云南、四川、贵州等地成立了20个自治州、54个自治县，全国少数民族聚居地区约90％的人口实行了区域自治。

可以说，中国共产党探索民族区域自治道路的过程，就是一个对多民族基本国情的认识不断深化的过程，就是一个把马列主义基本原理同中国的民族问题实际不断结合的过程，就是一个把实事求是的思想路线不断运用于民族工作的过程。这在我国历史上和国际共产主义运动史上都是一个创举，发展和丰富了马克思列宁主义关于民族和民族问题的基本理论，使马列主义解决民族问题的基本构想从美好的蓝图变成了生动的现实。

第二，以邓小平为代表的中国共产党领导集体推动民族区域自治制度成为国家基本政治制度。

在改革开放的新时期，建设中国特色社会主义给加强民族团结增添了新的强大动力和时代内容。

首先，巩固和发展了新型的社会主义民族关系。党的十一届三中全会以后，我国的民族关系基本上是各族劳动人民之间的关系。1979 年，邓小平明确指出，我国各民族已经陆续走上了社会主义道路，结成了社会主义团结友爱、互助合作的新型民族关系。中共中央于 1980 年 4 月在《关于转发〈西藏工作座谈会纪要〉的通知》中也明确指出，“民族问题的实质是阶级问题”的提法是错误的。后来，在中国共产党十二大报告、中华人民共和国 1982 年《宪法》和 1984 年通过的《民族区域自治法》中，都明确了我国平等、团结、互助的社会主义民族关系。

其次，坚持并实行真正的民族区域自治制度。党的十一届三中全会以后，中国共产党重新肯定了民族区域自治是解决中国民族问题的基本政策。1979 年 4 月召开的全国边防工作会议重申了中国共产党的民族政策。此后，民族区域自治制度得到进一步完善和全面贯彻。1980 年 8 月 18 日，邓小平在中共中央政治局扩大会议上指出：“要使各少数民族聚居的地方真正实行民族区域自治。”“真正实行民族区域自治”的意思就是要让民族区域自治地方组成自治机关，自己管理本地方本民族的事务。为此，中华人民共和国 1982 年《宪法》增加了民族区域自治原则的内容。1984 年颁布的《民族区域自治法》使民族区域自治步入了法制化的轨道，标志着民族区域自治成为我们党解决民族问题的一项基本制度和基本政策。

第三，以江泽民为代表的党的第三代中央领导集体，明确地把民族区域自治制度与人民代表大会制度、中国共产党领导的多党合作和政治协商制度一道，确立为我国必须长期坚持的基本政治制度。

以江泽民为核心的中国共产党领导集体进一步强调民族、宗教问题的重要性，并发展了民族区域自治制度。1990 年，江泽民同志在视察新疆时提出了“三个离不开”思想，即“汉族离不开少数民族，少数民族离不开汉族，少数民族之间也相互离不开”，高度概括了汉族和少数民族、各少数民族之间关系的实质，深刻总结和概括了我国社会主义民族关系的发展规律。江泽民同志还坚持和发展了我们党关于民族团结和民族平等的原则，认为：“在我国各民族不论人口多少，地域大小，社会发展程度高低，都对祖国历史和现代化作出了宝贵的贡献，都是我们民族大家庭中平等的成员，在政治经济、文化和生活的各个领域中享有平等的权利和承担着相同的义务。”更重要的是，1997 年在党的十五大政治报告中，江泽民同志首次把民族区域自治制度与人民代表大会制度和共产党领导的多党合作、政治协商制度并列为我国的三项基本政治制度。另外，以江泽民为核心的党领导集体先后提出了西部大开发战略构想和全面建设小康社会理论，为实现各民族共同发展勾画出美好蓝图。

第四，以胡锦涛为代表的中国共产党领导集体提出实行民族区域自治制度必须做到“三个不容”。

以胡锦涛为总书记的党中央在新世纪新阶段继承并发展了党的民族宗教政策，提出了新的思想观点，推动了民族、宗教工作不断发展。胡锦涛进一步认识了民族问题的重要性和复杂性，指出我国作为一个多民族国家的基本国情，“决定了民族问题始终是我们建设中国特色社会主义必须处理好的一个重大问题，也决定了民族工作始终是关系党和人民事业发展全局的一项重大工作”。胡锦涛关于“两个始终”的新论断，把对民族问题和民族工作重要性的认识上升到一个新的高度。他还提出了“两个体现”，即“在国家统一领导下实行民族区域自治，体现了国家尊重和保障少数民族自主管理本民族内部事务的权利，体现了民族因素与区域因素、政治因素与经济因素、历史因素与现实因素的统一。”

民族区域自治制度是我国一项基本政治制度，坚持和完善民族区域自治制度是党的统一战线工作的重要内容。为了更好地解决民族工作中存在的问题，更好地实施民族区域自治制度，2005 年 5 月颁布了《国务院实施〈中华人民共和国民族区域自治法〉若干规定》。在此之前的 2004 年 10 月，胡锦涛在中共中央政治局第十六次集体学习会上第一次明确提出“正确处理民族问题，切实做好民族工作，是衡量党的执政能力和各级党政组织的领导水平的重要标志”的重大论断。这一论断，明确地把正确处理民族问题、切实做好民族工作，作为加强党的执政能力建设的重要内容。在此基础上，又进一步提出“民族问题始终是我们建设中国特色社会主义必须认真处理好的一个重大问题，民族工作始终是关系党和人民事业发展全局的一项重大工作。”为不断增强各级领导干部处理民族问题、驾驭民族工作的能力，提高科学执政、民主执政、依法执政的水平，胡锦涛强调要把民族工作作为民族地区党政领导干部工作情况考核的重要内容，作为干部选拔任用的重要依据。这些论断和要求，为正确处理民族问题，切实做好民族工作，提供了重要指导和重要保证。

新中国成立以来的实践证明，我国的民族区域自治制度发展了马克思主义的民族理论，符合我国的基本国情，也符合各族人民的根本利益，是中国共产党的一个伟大创举，具有巨大的政治优势和比较优势。因而，胡锦涛在 2005 年中央民族工作会议上强调，民族区域自治，作为党解决我国民族问题的一条基本经验不容置疑，作为我国的一项基本政治制度不容动摇，作为我国社会主义的一大政治优势不容削弱。“三个不容”充分表明我们党坚持和完善民族区域自治制度的坚定信心，民族区域自治制度作为我国一项基本政治制度，对于维护国家统一和社会稳定，加强民族团结和经济发展，具有不可估量的意义和作用。

总之，中国共产党坚持从我国国情出发，找到了民族区域自治这条具有中国特色的解决民族问题的道路。这条道路的开创经历了几代中国共产党人的艰辛探寻和反复实践，凝聚了中国共产党人的智慧与心血。以毛泽东为代表的党的第一代中央领导集体创建与实施了民族平等、团结与民族区域自治制度，开辟了解决中国民族问题正确而宽广的道路。以邓小平为代表的党的第二代中央领导集体坚持与完善了民族区域自治制度和党的民族政策，开创了民族工作新局面。以江泽民为代表的党的第三代中央领导集体，高度重视民族问题，继往开来，多次深入边疆少数民族地区视察并指导工作，使我国民族工作沿着正确的道路继续前进。以胡锦涛为代表的中国共产党领导集体在新世纪面临国际国内新形势，继续坚持和完善民族区域自治制度，扎实开展民族工作，为世界上其他国家处理民族问题树立了光辉典范。

（四）我国民族区域自治制度的基本特色

中国的民族区域自治制度作为一项基本的政治制度，是与我们社会主义国家的性质和中国共产党的性质、宗旨紧密联系在一起的，具有以下显著的特色。

第一，充分反映了中国共产党在处理民族问题上原则性与灵活性的统一。

原则性是指我国民族区域自治制度坚持马克思列宁主义解决民族问题的根本原则，反对一切形式的民族压迫，坚持所有民族一律平等。中国共产党制定民族政策始终遵循各民族一律平等的基本原则。民族平等，既包括各民族政治地位的平等，又包括各民族在政治、经济、文化以及社会发展权利方面的平等，同时还包括各民族自主地管理本民族内部事务的权利，等等。根据我国各民族相互交错聚居的特点，建立自治地方可以有几种情况。首先，一个民族可以在其他聚居的几个地方分别建立自治地方，比如回族，不仅建立有宁夏回族自治区，还建立了甘肃省临夏回族自治州和新疆维吾尔自治区昌吉回族自治州；同时，还可以由几个聚居在一个地方的民族联合建立自治地方，如在四川省的阿坝藏族羌族自治州，藏族和羌族都是自治民族。所以，我国的民族区域自治，充分体现了原则性和灵活性的结合。也就是说，我国所以采取这一基本政策，既是由我国的具体历史条件和民族特点所决定的，又是对马克思主义民族学说与国家学说的伟大贡献。实行民族区域自治制度，是我国各族人民共同的愿望。它不仅维护了国家的整体利益，而且保障了少数民族的特殊利益，体现了国家充分尊重和保障少数民族管理本民族内部事务权利的精神和坚持民族平等、民族团结，以及实现各民族共同繁荣的原则。

第二，真实体现了民族自治和区域自治的结合。

我国的民族区域自治包含“民族”和“区域”两个基本要素，既不是单纯的民族自治，也不是单纯的地方自治，而是二者的有机结合。民族区域自治首先是民族自治，即中国范围内的少数民族自治。各民族在地位上应当是一律平等的，但是，由于历史的原因，导致少数民族与汉族之间在政治、经济、文化等方面存在不同程度的事实上的差异，各少数民族又具有自身的民族特点。因此，为了既促进少数民族地方的发展，又顾及少数民族的特点，在保证国家统一的前提下，由少数民族行使自治权，是一种有效的政策和制度。同时，民族区域自治又是区域自治。少数民族必须在民族自治地方范围内行使自治权，而民族自治地方必须以少数民族聚居区为基础建立。因为我国少数民族分布的特点，决定了在我国以民族为单位实行自治是无法想象的，只能以少数民族聚居区为基础。比如回族，全国县以上的行政区域都有回族居住，仅主要分布地区就有 19 个省、自治区和直辖市，我国其他人口较多的少数民族也同样存在类似情况。所以，只能从我国民族分布的实际特点出发，根据少数民族聚居区范围的大小，建立不同行政级别和地位的民族自治地方，行使自治权。我国的民族区域自治既不同于脱离一定区域的“民族自治”，也不同于离开少数民族的“区域自治”。因此，我国的民族区域自治是具体的、符合中国民族实际情况的，而不是空洞的、抽象的“民族自治”。

第三，高度重视经济因素和政治因素的紧密结合。

我国实行的民族区域自治，不是为了自治而自治，而是着眼于使这一制度有利于国家和各民族的共同繁荣的长远利益。就是说，要有利于各民族的共同发展，首先是有利于实行自治的民族的发展和进步，有利于促进民族团结，有利于整个国家的社会主义建设。根据这个着眼点，中央和各有关地区的人民政府在划定民族自治地方的区域时，一般都重视把经济因素和政治因素紧密结合起来。经济因素，主要是指民族地区的经济发展基础、自然资源状况等；政治因素，主要是指国家统一、民族平等团结和少数民族自主管理本民族内部事务的权利等。改革开放以来，党中央将民族工作的中心及时地转移到现代化建设上来，加大了民族政策的落实力度，特别强调了发展是解决民族问题的核心，提出了“共同团结奋斗，共同繁荣发展”的主题，并且制定了一系列关于加快少数民族地区的经济社会发展的文件和规划，这就为各民族自治地方的发展提供了方向和依据。同时，各民族自治地方根据中央的宏观布局，根据自己的具体实际，也制定出许多切实可行的措施，发展自治地方经济和文化。在国家大力支持下，经过各民族人民的长期奋斗，少数民族地区发生了翻天覆地的巨大变化。工业从无到有，交通运输日益发达，文化教育也有了很大的发展。

总之，少数民族地区政治、经济、文化的发展，不仅要彻底消除国内各民族间事实上的不平等，使少数民族赶上汉族的发展水平，同时还要使包括少数民族在内的整个中华民族赶上世界发达民族的水平。重视经济因素和政治因素的紧密结合，既能保障少数民族的平等权利，又有利于国家的统一；既有利于发展平等、团结、互助的社会主义的民族关系，又有利于民族地区的经济发展和各民族的发展进步。

第四，实现了同步解决民族问题和宗教问题的完美结合。

宗教是一种极为复杂的社会历史现象，源远流长。到目前为止，占世界总人口的60%以上的人信仰宗教。我国既是一个多民族国家，又是一个多宗教国家。有些少数民族普遍信仰宗教，宗教问题往往与民族问题交织在一起。正确认识和处理宗教问题，关系到社会主义民族大家庭的团结和社会主义现代化建设事业的发展，具有重大的现实意义。

遵照马克思主义关于宗教问题的理论，我国实行了宗教信仰自由的政策，并把这一政策写入了我国的宪法和民族区域自治法。因此，民族地区就成了落实党的宗教政策的窗口。可以这样讲，我国少数民族地区是世界上处理宗教问题最成功的地区。在民族区域自治地方，宗教信仰自由的特点是：其一，社会主义时期宗教与国家政权、学校教育相脱离，完全成了个人私事。其二，社会主义时期，我国废除了宗教剥削和压迫制度，广大教徒在政治上经济上都获得了解放。其三，宗教组织已成为拥护社会主义制度，接受共产党领导的爱国团体。其四，宗教职业者和广大教徒拥护党的领导，积极参加社会主义建设，他们在政治上经济上与不信教的公民是完全平等的，有着共同的利益。其五，广大宗教信仰者在各种社会慈善事业中捐资金、献爱心、比奉献，收到了良好的社会效益。民族区域自治制度的实施，成功地实现了同步解决民族问题和宗教问题完美结合，有利于维护少数民族地区的稳定和整个国家的长治久安。

第五，实现了维护祖国统一和巩固民族团结的结合。

民族问题，始终是世界各国普遍存在的问题。选择一种适合我国国情的解决民族问题的制度，直接关系到祖国统一的维护和民族团结的巩固。祖国统一是各族人民的最高利益，民族团结是祖国统一的重要保证。今天，汉族离不开少数民族、少数民族离不开汉族、各少数民族之间也相互离不开的思想观念深入人心，民族团结进步事业取得了伟大成就。同时，随着改革开放不断深入和社会主义市场经济不断发展，特别是工业化、信息化、城镇化、市场化、国际化加速推进，我国经济社会结构发生深刻变化，各种利益关系更为复杂，各种思想文化相互激荡，这一切必然会对我国民族关系产生深刻影响。在错综复杂的形势下，我们必须坚定不移地贯彻执行党的民族政策，毫不动摇地把民族区域自治制度坚持好、完善好、落实好，不断巩固和发展全国各族人民的大团结，不断培育各族人民的爱国主义情感，为全面建设小康社会、实现中华民族的伟大复兴提供重要保证。

坚持和完善民族区域自治制度，必须始终着眼于巩固全国各族人民的大团结，着眼于增强中华民族的凝聚力，坚持国家利益高于一切的原则，大力弘扬以爱国主义为核心的民族精神，使各族人民像爱护自己眼睛一样地爱护民族团结，进一步巩固和发展平等团结互助和谐的社会主义民族关系。

国家统一、民族团结，则政通人和、百业兴

旺。国家的统一，人民的团结，国内各民族的大团结，是中华民族的根本利益。民族区域自治制度是解决我国民族问题的基本政策，是从根本上维护民族关系健康发展的重要制度。实践证明，这一制度适合中国国情，巩固了民族团结、维护了祖国统一，得到各民族的衷心拥护，具有巨大的优越性和强大的生命力。

（五）民族区域自治制度的优越性

邓小平对民族区域自治制度做出了充分肯定，他指出中国采取的民族区域自治制度而不能实行民族共和国联邦的制度，是适合中国国情和历史发展的。而且实践也充分证明，民族区域自治制度是与我国具体情况相适应的解决民族问题的重要制度，其特有的优越性随着时间的推移越发明显。

第一，保障少数民族拥有平等的政治地位与权利。

我国的民族区域自治制度最大程度上保障了

少数民族的平等政治地位与权利。民族自治地方可以自主地安排和发展其经济文化事业，自主决定地方的发展政策和相关官员的任免，使少数民族群众的平等权利有了行使的空间。这既有利于全国的整体利益，又有利于少数民族地区的地方利益和少数民族群众的个人利益。我国《宪法》以及相关的民族区域自治法体系都做出明确规定："民族自治地方是中华人民共和国不可分离的一部分，各民族自治地方的自治机关都是在中央人民政府统一领导下的一级地方政权，自治机关必须服从中央的集中统一领导，贯彻国家法令和政策规定，但是自治地方政府有权根据自治地方的实际情况，执行国家的政策、法令。"规定赋予了少数民族地方较大限度的自主权，少数民族地方自主权的行使，体现了少数民族的平等地位与权力。民族区域自治制度是人民政权在民族地区的实现的具体形式，确立各族人民在管理国家大事时的基本权利，保障了少数民族在处理本民族事务中应有的地位。

第二，有利于民族团结和国家统一。

民族问题存在于世界的很多国家，民族问题处理不当往往会引发矛盾甚至冲突。中国幅员辽阔、民族众多，民族区域自治制度是中国发展中的必不可少的基本国策，是维护国家安定团结的重要政治制度，其巩固祖国统一的优越性尤为显著。实行民族区域自治制度，使得各族人民将爱祖国与爱自己民族的感情融为一体，让少数民族人民深深感受到了自己不仅是本民族的主人，而且是整个祖国大家庭的主人。通过民族区域自治制度，全国各民族以极高的热情团结在中国共产党的领导下，祖国统一得到全面巩固。

第三，有利于促进少数民族聚居地区社会发展和实现共同繁荣。

民族区域自治制度有利于促进各少数民族地区的经济发展、文化繁荣和社会进步，从而实现全社会的共同繁荣、共同发展。民族区域自治制度在保障少数民族政治权利的同时，也进一步促进了少数民族社会的全面发展。民族区域自治地方的建立可以充分调动少数民族群众发挥才智建设家乡的积极性和创造性，激发其主人翁精神。在国家的帮助与相关政策的指导下，民族区域自治制度在民族地区实行，各族人民共同努力，民族地区的经济得到发展，从而带动文化的发展，最后完成社会各个方面的全面发展。

第四，民族区域自治制度的自治形式灵活多样。

民族地区可以根据本地区分布和少数民族生活习惯以及宗教信仰等方面的实际情况，采取形式多样、因地制宜的民族自治形式。我国少数民族分布杂散聚特点也很显著，很多地区多个民族混住在一起。民族区域自治制度根据具体情况可以做出不同的调整，除了根据聚居地域的大小划分自治区、自治州、自治县外，在民族构成方面也可以有不同的形式。民族区域自治地方的建立形式是多种多样的，可以围绕一个、两个或两个以上的少数民族聚居区为主建立民族区域自治地方，可以在某个民族自治区中建立其他少数民族的自治州或自治县。民族区域自治制度在形式上的多样性同时保障了人口较多和人口较少的民族共同行使当家做主的权利，通过形式上的优越性保证了功能上优越性的实现。

二、为什么实行民族区域自治制度

中国是一个有着悠久历史的统一的多民族国家，在这样的国度中，如何促进各民族之间的团结与合作，维护国家主权统一、领土完整和繁荣富强？如何在增进各民族对祖国的向心力和认同感的同时，充分实现各民族的自由平等和发展进步？

这些问题，早在新中国成立前，中国共产党人已经进行了积极探索和实践。在 1949 年 9 月召开的中国人民政治协商会议上，包括各民族代表在内的六百多位政协代表共同协商决定，建立统一的多民族的中华人民共和国，并通过了具有临时宪法性质的《中国人民政治协商会议共同纲领》。纲领专门阐述了新中国的民族政策，明确把民族区域自治定为一项基本国策。新中国成立六十多年来，在中国共产党的统一领导下，民族区域自治制度与人民代表大会制度、中国共产党领导的多党合作和政治协商制度、基层民主自治制度共同构成我国基本政治制度。几代中国共产党人的伟大创造，向世界贡献了具有“中国智慧”的解决民族问题的成功答卷，使民族区域自治制度成为中国特色社会主义的重要组成部分。应该说，提出和实行民族区域自治制度绝非偶然，它是基于我国历史与现实的国情作出的必然选择。

（一）历史基础

我国历史上，统一的多民族国家长期的存在和发展，是实行民族区域自治的历史基础。自秦始皇统一六国后，中国建立了第一个中央集权制的统一的多民族国家，基本结束了割据局面。各民族都先后归入了历代王朝的版图，至清代，这一版图得到了进一步的巩固和确定。纵观我国两千多年的封建历史，分裂与统一并存，但统一始终是主流和大趋势，分裂时期相对较短。简单的以时间计算，国家统一时期共约一千三百多年，割据对峙总共不过六七百年。中国历史上尽管曾发生过各民族之间以及少数民族和汉族的冲突和战争，也曾经出现过三国两晋南北朝、五代十国时期的短暂分裂割据局面，但很快都被更大、更进一步的统一所替代。并且，历史上每一次分裂和割据，实际上在为新的全国的大统一创造着必要的条件。每一次新的统一，都会使一些少数民族加入到中华民族大家庭的行列，从而使统一的多民族国家更加发展壮大，使整个中华民族的向心力和凝聚力进一步加强。各民族在长期的交往中，团结一致，并肩战斗，结成了不可分离的血肉联系，发展了文化上的交流和经济上的互助，各民族共同开拓了祖国辽阔的疆土，共同创造了我们伟大的祖国。尽管在旧的社会制度下各民族之间不可能形成现代意义上的平等关系，民族间也不可避免地发生矛盾、冲突甚至战争，但是，中国历史上统一多民族国家的长期存在，极大地促进了各民族之间的政治、经济和文化交流，不断增进各民族对中央政权的向心力和认同感。

在近代中国的一个多世纪里，各少数民族和汉族人民奋斗抗争，特别是在中国共产党的正确领导下，团结一致，推翻了帝国主义、官僚资本主义和封建主义三座大山的压迫，在革命斗争的过程中形成了强大的民族凝聚力，结成了不可分割的联系，形成此起彼伏的革命浪潮，终于取得了新民主主义革命的伟大胜利，建立了新中国。社会主义制度在中国的全面确立，为中国的一切发展和进步扫清了障碍，奠定了基础。总之，中华人民共和国的建立，是基于统一的多民族国家的长期存在所形成的历史惯性的必然选择，也是历史发展的必然趋势，必然要求在少数民族聚居区域实行自治，实现民族平等、民族团结和各民族共同繁荣，实现少数民族人民自己当家做主的愿望。

（二）政治基础

近代以来在反抗外来侵略斗争中形成的爱国主义精神，是实行民族区域自治的政治基础。中华民族的历史之所以悠久和伟大，爱国主义作为一种精神支柱和精神财富起了重要作用。爱国主义是一种深厚的感情，一种对于自己生长的国土和民族所怀有的深切的依恋之情。这种感情在历史的长河中，经过千百年的凝聚，无数次的激发，最终被整个民族的社会心理所认同，升华为爱国意识，因而它又是一种道德力量，它对国家、民族的生存和发展具有不可估量的作用。1840 年鸦片战争之后的 110 年间，中国几乎遭受过当时所有帝国主义列强的侵略和欺凌，各族人民共同陷入被压迫、被奴役的悲惨境地。在亡国灭种的危急关头，长城内外，大江南北，各族人民同仇敌忾、万众一心，用血肉筑成中华民族新的长城，为维护国家统一、争取民族的独立和解放进行了殊死的搏斗。

在新民主主义革命时期，中国共产党在少数民族地区广泛发动各族人民，做了大量的工作，领导他们进行政权建设、武装斗争，培养了一大批少数民族骨干，密切和巩固了同少数民族人民的关系。国民革命的风暴也席卷了蒙古族、回族、壮族、苗族、满族、朝鲜族、黎族等许多少数民族。

土地革命战争时期，在各个农村根据地大都有少数民族，如江西、福建中央苏区的畲族，湘鄂两革命根据地的土家族、苗族，左右江革命根据地的壮族、瑶族，海南岛革命根据地的黎族，陕北革命根据地的回族，东北抗日联军中的朝鲜族、满族等。

1935年红军长征，经过贵州、云南、四川的苗族、侗族、布依族、彝族、藏族、羌族等少数民族地区，给了这些民族以极大的革命影响，撒下了革命的种子，并吸收了许多少数民族的子弟参加红军。

在抗日战争时期，中国共产党创造性运用抗日民族统一战线团结了最广泛的爱国力量，中国各民族进一步联合起来，同仇敌忾，抗击侵略，保家卫国。冀中、西北回民和渤海回民支队，海南黎族、苗族人民，沿海地区人民，台湾各族人民，滇桂黔各族人民，东北、内蒙古各民族人民等许多以少数民族为主的抗日力量，为夺取反法西斯战争胜利谱写了可歌可泣的历史篇章。中国各民族在反对帝国主义侵略的同时，针对极少数民族分裂分子在帝国主义势力的扶持下，策划、制造“西藏独立”、“东突厥斯坦”、伪“满洲国”等分裂行径，进行了坚决的斗争。

抗日战争胜利后，中国各族人民在中国共产党的领导下展开了一场为争取民族解放的人民解放战争，开展了以武装斗争为主的各种斗争形式，各族人民为赢得自己的解放浴血奋战在各个战场上。在中国共产党的领导下，经过三年的艰苦奋斗，终于摆脱了国民党蒋介石反动集团的统治，迎来了各民族的解放，推翻了国内外的民族压迫，取得了民族民主革命的胜利，建立了各民族共同的家园——中华人民共和国。在此过程中，各族人民进一步联合起来，形成了兄弟般的情谊及深厚的爱国主义精神，结成了各族人民谁也离不开谁的荣辱与共的血肉关系。

因此，确定建立统一的多民族国家，实行民族区域自治制度，是各民族共同革命发展的必然结果。在共同反抗外来侵略的浴血斗争中，中华各民族儿女深切体会到：伟大祖国是我们的共有家园，各族人民只有紧密地团结和联合起来，才能维护国家的主权统一、领土完整；只有实现国家的独立自主和繁荣富强，各民族才能拥有真正的自由、平等、发展和进步。

在我们国家，无论是过去，还是现在，任何一个民族或地区的人民如果遇到了什么“天灾人祸”，或者外敌企图分裂祖国的时候，各族人民不论人口多少，地处何方，都会不分彼此，互相支持，团结一致，共同反抗侵略，战胜灾难。事实上，我们从中华民族发展的历史长河里，清楚地看到，无论是各民族的上层，还是普通老百姓，都是热爱我们祖国的。面对外来侵略他们总是团结一致，针锋相对，予以还击，保护和维护了祖国的统一。正是这种伟大的爱国主义精神在各民族中代代相传，日益深厚，才使我国在深重的民族灾难中不但没有四分五裂，而且爱国主义思想越来越发扬光大，中华民族大家庭更加团结、统一。2010 年，青海省玉树发生强烈地震后，立即引起全国人民的极大关注，不论是大陆同胞，还是港澳台同胞以及海外华侨，不分民族，不分老少，大家齐心协力，为抢救当地藏族和其他兄弟民族的生命和财产，不顾高寒缺氧，日夜奋战。来自祖国四面八方的救援人员，谱写了民族大团结，抗震救灾的壮美乐章。玉树强烈地震是人世间的一场磨难，也是玉树在前进中遇到的最严峻的考验，抗震救灾的基本胜利，证明了玉树藏族人民同祖国各族人民同呼吸共患难的兄弟般的亲密关系，这种关系所凝结的力量，是任何困难和险阻都阻挡不住的。同时，我们也从玉树抗震救灾的战斗中（汶川等民族地区抗震救灾也不例外），看到了民族区域自治制度在战胜各种困难、保障各民族经济社会发展方面的最大优越性。它从政治上、组织上保证了抗震救灾的顺利进行。

玉树抗震救灾的基本胜利，是凝聚了党中央、国务院和全国各族人民乃至港澳台同胞、海外华侨对玉树藏族自治州的藏族和各族人民的关怀，汇聚了全国各族、各界、各行各业人民的智慧和力量。

（三）现实条件

各民族大杂居、小聚居的人口分布格局，各地区资源条件和发展的差距，是实行民族区域自治的现实条件。

首先，中国是一个统一的多民族的国家，各民族在统一的大家庭里又处在大杂居、小聚居的人口分布格局中。迄今为止，通过识别并确认的民族有 56 个。2010 年 11 月开展的第六次全国人口普查统计，各少数民族人口为 1.13 亿人，占 8.49%，比 2000 年上升 0.08 个百分点；少数民族人口十年年均增长 0.67%，高于汉族 0.11 个百分点。尽管如此，少数民族人口相对于汉族而言比较少，两者人口悬殊很大。虽然少数民族主要居住在广大边疆地区，但是我国部分少数民族遍布全国各个县级区域，从全国范围来看，我国各民族人口的分布结构是大杂居、小聚居和普遍性散居状态的并存。“大杂居”是汉族和少数民族互相穿插、互相介入的。另外，少数民族彼此之间也同样普遍地存在着这种情况。所谓“小聚居”，是指各民族在全国的民族大格局中大都拥有各自不同规模的聚居区，各民族都以或大或小的聚居区与汉族地区或其他民族地区交错穿插，构成全国多民族大杂居格局的重要组成部分。

我国一个地区居住一个民族的情况很少见。以新疆为例，虽然新疆地区少数民族比较集中，但却存在多个民族，如维吾尔族、哈萨克族、蒙古族、回族、塔吉克族等十多个民族。还有西藏，虽然藏族主要集中在西藏地区，但西藏境内也有门巴族、珞巴族、回族等少数民族，另外，还有一些藏族同胞分布在青海、甘肃、四川、云南等地。“我国历史的发展，使我们的民族大家庭形成许多民族杂居的状态。由于我国各民族交叉的时代很多，互相影响就很多，甚至于互相同化也很多。”这种你中有我、我中有你、相互依存的民族分布状况决定了以少数民族聚居的地方为基础，建立不同类型和不同行政级别的民族自治地方，有利于民族关系的和谐稳定和各民族的共同发展。中国只有实行民族区域自治，在各少数民族聚居区建立自治地方，才能满足少数民族人民的自治要求和适应我国民族分布的特点。大杂居、小聚居和普遍性散居的多民族分布格局，是新中国选择实行民族区域自治制度的客观依据。

其次，从少数民族各地区资源条件和发展的情况来看，我国绝大多数少数民族较集中地分布的西部地区地大物博，这与东部地区相比，经济和社会发展水平相对落后。民族自治地方的土地面积占国土面积的64%，草原面积占75%，林木储蓄量占51.8%，水利资源占全国的66%；民族地区人口密度较小，平均每公里只有27人，相当于全国平均人口密度的1/5；民族地区还有丰富的矿产资源和旅游资源。少数民族地区有丰富的资源，汉族地区有丰富的资金、技术、人才资源，这样两者之间有强烈的互补性，因此可以各取所需，取长补短。事实也证明，“中国没有少数民族是不行的，中国有几十种民族，少数民族居住的地方比汉族居住的地方面积要宽，那里蕴藏着的各种物质财富多得很。我们国民经济没有少数民族的经济是不行的。”在少数民族地区发展过程中，需要国家的大力帮助和汉族地区的支援。少数民族地区发展需要资金、技术、人力，并且特别需要国家财政的支持。汉族地区的发展也离不开少数民族地区，因为少数民族地区有丰富的自然资源，是国家进行社会主义经济建设的物质基础。从长远发展来看，我国各民族是合则两利，分则两害。把国家的先进的科学技术优势同少数民族地区的资源优势结合起来，不仅有利于整个国家的经济建设，也有利于民族地区的发展。建设现代化社会主义的伟大国家，争取各民族的共同繁荣，是我国各民族的共同目标。正如美国学者 Barry 在讲到西藏与其他地区的差异时所说："西藏领导人在很多重大领域都享有充分的自主权，并真正得到了各方面的利益。而想要达到真正自治关键就是要缩小西藏与汉族地区的差距。"

（四）理论基础

马克思主义民族学说为我国实行民族区域自治制度提供了理论基础。在多民族的国家里，无产阶级在国家类型的选择上，马克思、恩格斯、列宁都坚持民主集中制，主张建立统一的共和国，反对联邦制。因为“中央集权的大国是从中世纪分散状态走向将来全世界社会主义的统一的一个巨大的历史步骤，除了通过这种国家以外，没有也不可能有其他走向社会主义道路”。在坚持建立统一的民主集中制大国的原则下，革命导师们也提出在一个多民族国家实行区域自治对统一国家的必要性。列宁说：“民主集中制不仅不排斥地方自治和具有特殊的经济和生活条件、特殊的民族成分等的区域自治，相反地，它必须既要求地方自治，也要求区域自治。”“一个民族成分复杂的大国只有通过省的自治才能够实现真正的民主集中制”。“如果不保证每一个在经济上和生活上具有比较重大的特点以及居民中具有特殊的民族成分等的区域享有这种自治，那就不可能设想有现代的真正民主的国家。”“……一个民主国家必须承认各区域的自治权……一个民族成分复杂的大国只有通过区域自治才能实现真正的民主的中央集权制。”由此可见，我国实行民族区域自治制度完全符合马列主义民族理论的总精神，与马克思主义关于国家政权建设的总原则最相符合。它在坚持了民主集中制、统一而不可分割的大国原则的同时，也反映了客观存在的民族差别，能够使各民族平等地参与国家的政治生活，最大限度地在民族问题上实现了政治民主和社会和谐。斯大林曾经论述了解决民族问题的方法，他指出："国家完全民主化是解决民族问题的基础和条件。"在民主化国家里，公民能够以平等的身份参与政治和社会生活，但是不同的民族在生产力发展水平、受教育水平等各方面却存在着结构性差异，而少数民族经常会处于落后状态，这就使得每个公民平等参与政治和社会生活成了不可能。所以，就必须在政党纲领、政府政策和国家法律中考虑到民族差别这个因素。因此，在马克思主义框架之中，为实现民族平等和社会和谐，民族区域自治就成为"解决民族问题的一个必要条件"。

（五）根本保障

中国共产党的坚强有力领导，为民族区域自治制度提供了根本保障。中国共产党自从 1921 年成立之后，就积极探索解决中国民族问题的正确道路，成功地制定和执行了民族政策，团结和带领全国各族人民经过长期艰苦卓绝的斗争，取得了新民主主义革命的胜利，赢得了民族独立，废除了民族压迫，实现了各民族的真正平等。中国共产党作为领导全国各族人民的坚强核心，把马克思列宁主义的民族理论同我国各民族的实际情况紧密结合，从保障各民族的平等权利和促进各民族的共同发展繁荣出发，制定并实行了民族区域自治制度，使各族人民之间形成了“平等、团结、互助、和谐”的社会主义新型民族关系，开辟了正确解决国内民族问题的光明道路。回首过去，在党的坚强领导下，全国各族人民始终同呼吸、共命运、心连心，展现出强大的凝聚力、向心力和创造力，取得了改革开放和现代化建设的巨大成就，显示了民族区域自治制度的巨大成功。各族人民从实践中深深体会到，中国共产党是全心全意为人民服务的无产阶级政党，是各族人民翻身解放的救星和幸福生活的靠山，党所制定的民族区域自治政策，充分体现了民族平等的原则，反映了各少数民族人民的共同心愿，代表了各少数民族人民的根本利益，因此，各少数民族人民对实行民族区域自治制度是衷心拥护和支持的。各族人民对中国共产党的无比热爱和拥戴，对党的民族政策的无比信赖和爱戴，使我国实行民族区域自治制度有了深厚的群众基础；而党的崇高威望和英明领导，又为实行这一国家的基本政治制度提供了根本保障。面向未来，加强和改善党的领导，把民族区域自治制度进一步坚持好、完善好，我们就一定能够进一步把全国各族人民团结凝聚起来，同心同德，为推进中国特色社会主义伟大事业、实现中华民族伟大复兴而不懈奋斗。

综上所述，在国家的统一领导下实行民族区域自治制度，符合我国各民族历史发展的客观规律，符合各民族的实际情况和共同的根本利益，体现了国家尊重和保障少数民族自主管理本民族内部事务的权利，体现了民族平等、民族团结、各民族共同繁荣发展的原则，体现了民族因素与区域因素、政治因素与经济因素、历史因素与现实因素的统一，合乎国情，顺乎民心，是团结我国各族人民共同发展进步的最好形式和重要保证，是解决我国民族问题的唯一正确的道路。

三、民族自治地方的建立

民族自治地方是建立在实行民族区域自治的具有自治权利和地位的地方行政单位。民族自治地方在一定程度上反映了该地方的民族分布状况。建立民族自治地方，是实行民族区域自治的首要问题。在我国，民族自治地方的建立、行政区划的变更、民族自治地方名称的确定，都有明确的法律规定。

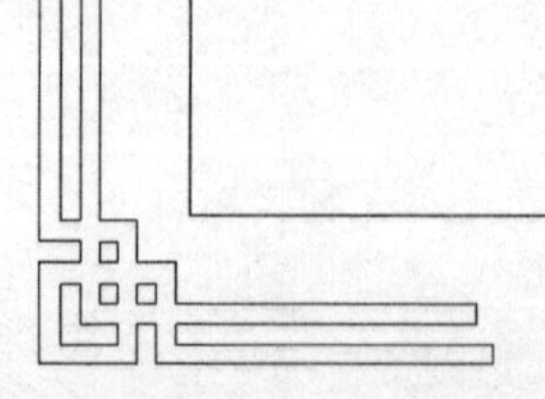

（一）建立民族自治地方的原则

民族区域自治制度从正式确立到现在，已经经历了六十多年的风风雨雨。回首半个多世纪，我国在建立民族区域自治地方的过程中，主要遵循了以下原则：

一是以民族聚居区为建立自治地方的基础和前提。《宪法》规定："各少数民族聚居的地方实行区域自治。"这一规定是从我国少数民族的分布特点出发的。实行自治，是在少数民族聚居的地方实行自治，首要的条件是聚居，必须以绝对量来体现自治民族人口聚居的程度，没有一定程度的聚居，就谈不上自治，而聚居就不能不讲到比例。所以，在民族聚居区内建立民族自治地方就应当有适当的自治民族人口比例。关于人口比例问题，早在20世纪50年代便提出来了。1957年6月，中央民委党组曾就此向中央书记处写过一个报告，意见是"实行区域自治的民族的人口所占的比例，也就有一个内部掌握的尺度"、"我们认为这个比例一般应该是30%左右”。在很长一段时间内，我国建立的自治地方，基本上都是按照这个尺度来办的。经过二十多年的实践，由于情况发生变化，这个30%左右的比例显得偏低。1985年，当时的国家民委领导同志传达了中央关于今后建立自治地方的自治民族人口要占多数的指示。根据这个指示精神，1985年9月，国家民委在答复一些地方的请示时指出：“实行民族区域自治的民族人口在总人口中的比例，一般要占多数；个别在全国范围内尚未建立过自治地方的少数民族和其他有特殊情况的，可以不占多数，但不能少于30%。”在此以后一直都是按照这个标准掌握。这种规定有利于《宪法》和《民族区域自治法》的实施，有利于自治民族实行有效的自治。

二是根据当地的民族关系、经济发展状况、行政区域特点等条件，并参酌历史情况来建立自治地方，可以建立以一个民族聚居区为基础的自治地方，也可以建立以两个或者几个少数民族聚居区为基础的自治地方。例如我国四川省的甘孜、阿坝两个自治州，是我国除西藏之外比较大的藏族聚居区，根据当地的民族关系、行政区域特点等因素，甘孜建立的是藏族自治州，阿坝建立的是藏族羌族自治州。另外，我国的民族自治地方，除了实行自治的民族聚居外，都有一定数量的汉族和其他少数民族杂居，在其他少数民族聚居的地区，可以建立相应的自治地方。例如广西壮族自治区，是省一级的自治地方，根据其他少数民族聚居的情况，在自治区范围内还建立了都安瑶族自治县、环江毛南族自治县、融水苗族自治县、三江侗族自治县等 12 个自治县；云南省的红河哈尼族彝族自治州，是地市一级的自治地方，根据其他少数民族聚居的情况，在自治州范围内还建立了金平苗族瑶族傣族自治县、河口瑶族自治县与屏边苗族自治县。这样做有利于加强各民族的团结合作，有利于民族自治地方的发展进步。

三是充分协商，按照法律规定的程序报请批准。对所提出拟建立的自治地方，在自治民族的聚居程度、区域界线的划分、自治地方的名称、民族关系的调整等方面都应与地方和有关的民族代表进行充分的协商、研究。意见一致后，按照法律规定程序凡拟建自治州和自治县的报请国务院批准；建立自治区则是报请全国人民代表大会审议通过。这样既体现了社会主义民主和民族平等的原则，又充分尊重了少数民族自己管理民族内部事务的权利。截至目前，中国有55个少数民族，建立了155个民族自治地方，其中自治区5个，自治州30个、自治县（旗）120个，合计面积达646.95万平方公里，占全国面积的64.3%，实行自治的民族人口占少数民族总人口的70%左右，自治地方的数量和布局，与我国民族分布的构成基本上是相适应的。我国建立民族自治地方的任务已经基本完成。今后主要任务是认真贯彻执行《民族区域自治法》，进一步完善民族区域自治制度。

民族自治地方的区域界线一经确定，不得轻易变动；如果确实需要变动，由上级国家机关的有关部门会同民族自治地方的自治机关充分协商拟定，报国务院批准。之所以这么规定，是因为我国民族自治地方区域的划定，是遵循历史原则、经济原则以及使少数民族参加管理国家和民族内部事务的原则，并参照历史情况等条件确定的。在“文化大革命”期间，曾经发生过不经任何法定程序，随意变更民族自治地方区域界线的情况。如云南省的西双版纳傣族自治州、德宏傣族景颇族自治州和迪庆藏族自治州等曾被分别并入相邻地区；内蒙古自治区的东三盟和西三旗，曾被分别划归相邻的省、自治区管辖。这些错误做法，给民族工作造成了负面影响。

（二）民族自治地方名称的确定

关于民族自治地方的名称，《民族区域自治法》第 2 章第 13 条规定，即："除特殊情况外，按照地方名称、民族名称、行政地位的顺序组成。"比如，"宁夏回族自治区"这一名称，就是按照地方名称"宁夏"、民族名称"回族"和这个自治地方的行政地位"自治区"的顺序组成的。民族自治地方名称按照地方名称、民族名称、行政地位的顺序组成，有它的科学性。地名在先，是考虑到我国少数民族分布的特点，同一少数民族分别在几个地方实行自治，如蒙古族除内蒙古自治区外，还在青海的海西和河南，新疆的巴音郭楞、博尔塔拉以及布克赛尔，辽宁的喀喇沁左翼和阜新，吉林的前郭尔罗斯，黑龙江的杜尔伯特，甘肃的肃北等地方，分别建立了自治州和自治县；把民族名称放在地名后面，一方面说明了某个民族在不同地方实行区域自治，另一方面也表明了在某个自治区域内是哪个或哪几个少数民族作为实行区域自治的民族。我国民族区域自治地方的名称，绝大多数是按这种方法确定的。

还有一种是沿用历史上的地方名称与民族名称的结合。例如，西藏自治区、内蒙古自治区、鄂伦春自治旗等，是以历史上的地方名称和民族名称的简称，加上反映它们行政地位的“自治区”、“自治旗”等组成的。这种名称，似乎是由两个要素组成的，实际上，这里的“西藏”、“内蒙古”、“鄂伦春”等，是三个要素中地名与族名的双关。

（三）民族自治地方的类型

根据《宪法》和《民族区域自治法》的规定，我国的民族自治地方分为自治区、自治州、自治县三级，划分三级行政地位的依据，是少数民族聚居区人口的多少、区域面积的大小。这就是说，在我国，民族自治地方共分为三级，即省一级的自治区、地市一级的自治州、县一级的自治县(旗)。例如，西藏自治区，从行政地位来说，同吉林省的行政地位是相同的；湖南省的湘西土家族苗族自治州，从行政地位来说，同该省的怀化市的行政地位是相同的；辽宁省本溪市的满族自治县，从行政地位来说，辽宁省的法库县、辽中县的行政地位是相同的。在我国现有的民族自治地方中，大多数是以一个少数民族聚居区为基础建立的，如西藏自治区、四川省凉山彝族自治州、浙江省景宁畲族自治县等；也有不少是以两个或两个以上少数民族聚居区为基础建立的，如青海省海西蒙古族藏族自治州、甘肃省积石山保安族东乡族撒拉族自治县等。在广西壮族自治区还有两个当地各少数民族联合建立的自治县，即龙胜各族自治县和隆林各族自治县。

四、民族自治地方的自治机关

（一）自治机关的范围和性质

我国是人民民主专政的社会主义国家，国家的一切权利属于人民。本质上，民族自治地方的自治权属于自治地方的各族人民。自治地方各族人民的自治权要得到实现必须通过一定的组织形式。根据我国宪法和相关法律，自治地方的自治权由国家依法设立的自治机关行使。因此，自治机关是自治地方各族人民行使自治权的组织形式，代表自治地方各族人民行使自治权。我国的民族区域自治地方分为自治区、自治州和自治县。根据《宪法》和《民族区域自治法》的规定，自治机关是指民族自治地方设立的国家权力机关和行政机关，具体来讲，自治区、自治州、自治县的人民代表大会和人民政府是自治地方的自治机关。前者是在实行民族区域自治的行政区域内代表人民行使国家权力的机关，后者是国家权力机关的执行机关。在理解自治机关的概念时，我们需要注意两点：一是自治地方的人民代表大会常务委员会，也是自治地方的自治机关。二是自治地方的人民法院和人民检察院，不是自治机关，但与自治机关有着法律规定的行政关系。因而，民族自治地方的人民法院和人民检察院，除了具有其他地方人民法院和人民检察院的共同特点外，还有自己的一些独有特点。

关于自治机关的性质，《民族区域自治法》第4条规定：“民族自治地方的自治机关行使宪法第3章第5节规定的地方国家机关的职权，同时依照宪法和本法以及其他法律规定的权限行使自治权，根据本地方的实际情况贯彻执行国家的法律、政策。”因此，自治地方的自治机关作为国家的政权机关具有二重性的特点，即自治机关既是国家的一级地方政权机关，也是自治地方的自治机关。作为国家一级地方政权机关，自治机关与其他一般地方行政区域政权机关没什么不同，都是在中央统一领导下，在《宪法》规定的范围内行使法定的权力，都必须遵守民主集中制原则；自治机关的产生、任期、机构设置与组织活动原则，同一般地方的国家机关大体一致；各民族自治地方的人民政府，都是国务院统一领导下的国家行政机关，都服从国务院的领导。另一方面，自治机关又拥有不同于一般地方政权机关的自治权，自治权的范围远远大于一般地方政权机关，可以在法定范围内根据本民族本地方特点自主管理本民族本地方事务。由于人大为立法部门，政府为行政部门，所以民族自治地方的自治权实际表现为立法自治权和行政管理自治权。

（二）自治机关的组成

如上所述，民族自治地方的自治机关具有双

重属性，一方面它既是一级地方国家机关；另一方面它又是民族自治地方的自治机关，依法行使自治权。在民族自治地方的自治机关的组成方面，我国《宪法》和《民族区域自治法》做了专门的规定。民族自治地方自治机关的组成包括两个方面：一是民族自治地方的权力机关，即民族自治地方的人民代表大会及其常务委员会；二是民族自治地方的行政机关，即民族自治地方的人民政府。

第一，民族自治地方的人民代表大会及其常务委员会。

自治区、自治州、自治县的人民代表大会及其常务委员会是民族自治地方的国家权力机关，是民族自治地方的人民群众行使自主权的重要组织形式。自治地方的人民代表大会代表民族自治地方的各族人民，行使地方国家机关的职权，并通过行使自治权来实现自主管理本民族内部事务的权利。自治区、自治州、自治县的人民代表大会常务委员会作为各级人大的常设机构，也是民族自治地方的自治机关。为保证民族自治地方的少数民族能真正行使自治权，切实维护自身的合法权益，宪法、地方各级人大和政府组织法、选举法和其他法律法规对民族地方的人民代表大会及其常务委员会做出了相应的规定。

首先，少数民族代表的规定。

根据我国《选举法》的有关规定，在少数民族聚居的地方，每一聚居的少数民族都应有代表参加当地的人民代表大会。聚居境内同一少数民族的总人口数占境内总人口数30%以上的，每一代表所代表的人口数应相当于当地人民代表大会每一代表所代表的人口数。聚居境内同一少数民族的总人口数不足境内总人口数15%的，每一代表所代表的人口数可以适当少于当地人民代表大会每一代表所代表的人口数，但不得少于1/2；实行区域自治的民族人口特别少的自治县，经省、自治区的人民代表大会常务委员会决定，可以少于1/2。人口特别少的其他聚居民族，至少应有代表一人。聚居境内同一少数民族的总人口数占境内总人口数15%以上、不足30%的，每一代表所代表的人口数，可以适当少于当地人民代表大会每一代表所代表的人口数，但分配给该少数民族的应选代表名额不得超过代表总名额的30%。这些具体规定，充分体现了各民族的平等和民族照顾的原则，为民族自治地方作出有关具体规定

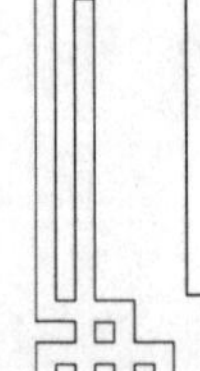

提供了法律依据。

其次，民族自治地方人民代表大会的代表构成方面的相关规定。

《宪法》对于民族自治地方人民代表大会代表的构成做了原则性的规定：自治区、自治州、自治县的人民代表大会中，除实行区域自治的民族的代表外，其他居住在本行政区域内的民族也应当有适当名额的代表。《民族区域自治法》规定：民族自治地方的人民代表大会中，实行区域自治的民族和其他少数民族代表的名额和比例，根据法律规定的原则，由省、自治区、直辖市的人民代表大会常务委员会决定，并报全国人民代表大会常务委员会备案，民族自治地方的人民代表大会常务委员会中应当有实行区域自治的民族的公民担任主任或者副主任。这些规定充分反映了国家保障民族自治地方的少数民族享有自主地管理本民族内部事务的权利。

最后，民族自治地方的人民代表大会常务委员会的相关规定。

根据《宪法》和《民族区域自治法》的有关规定，自治区、自治州、自治县的人民代表大会设立常务委员会。民族自治地方各级人民代表大会常务委员会是本级人民代表大会的常设机关，对本级人民代表大会负责并报告工作，依法行使相关职权。根据地方各级人民代表大会和政府组织法的有关规定，自治区、自治州的人民代表大会常务委员会由本级人民代表大会在代表中选举产生，成员包括主任、副主任若干人，秘书长、委员若干人；自治县的人民代表大会常务委员会由本级人民代表大会在代表中选举产生，成员包括主任、副主任若干人和委员若干人。同时，根据相关规定，在民族自治地方的人大常委会中，实行民族区域自治的少数民族代表应该占有一定的比例。

第二，民族自治地方的人民政府。

民族自治地方的人民政府是本级人民代表大会的执行机关，对本级人民代表大会和上一级国家行政机关负责并报告工作，在本级人民代表大会闭会期间，对本级人民代表大会常务委员会负责并报告工作。民族自治地方的人民政府是民族自治地方的重要自治机关，同时又是本级人民代表大会的执行机关。民族自治地方政府除了享有一般同级地方政府相同的权利外，还享有一般同级地方政府所不具有的其他权利。民族自治地方的人民政府的特殊之处在于民族化，表现在其政府人员的组成上。《民族区域自治法》第 17 条规定："自治区主席、自治州州长、自治县县长由实行区域自治的民族的公民担任。自治区、自治州、自治县的人民政府的其他组成人员，应当合理配备实行区域自治的民族和其他少数民族的人员。民族自治地方的人民政府实行自治区主席、自治州州长、自治县县长负责制。自治区主席、自治州州长、自治县县长，分别主持本级人民政府工作。"

（三）自治机关的组织原则

一方面，民族自治地方的自治机关是我国地方国家政权机关之一。自治机关必须遵循我国国家机关的基本组织原则，即民主集中制原则和建立在民主集中制原则基础上的行政首长负责制原则。这两条原则，《民族区域自治法》第 3 条规定："民族自治地方的自治机关实行民主集中制的原则。"第 17 条规定："民族自治地方的人民政府实行自治区主席、自治州州长、自治县县长负责制。自治区主席、自治州州长、自治县县长，分别主持本级人民政府工作。”在我国，对于民族自治地方的自治机关来说，坚持民主基础上的集中与坚持集中指导下民主两方面相结合，尤其重要。我国的自治地方，是以少数民族聚居区为基础建立起来的。自治机关的每一项自治决策，都直接关系到自治区域内各族人民民主协商的形式，贯彻自治机关在民主集中基础上的行政首长负责的原则。只有这样，自治机关才能取信于自治区域内的各族人民，才能得到自治区域内各族人民的拥护和支持。

另一方面，自治机关属于地方国家政权机关的一部分，但又有特殊性，最大的特殊性就是自治机关有权依法充分行使宪法和法律赋予自己的自治权，这是其他一般地方国家机关所没有的。而依法行使自治权的原则，同样离不开民主集中制原则和首长负责制原则。自治机关依法行使自治权的时候，还有一条重要原则必须执行，那就是接受自治区域内各族人民监督的原则。自治机关只有置于各族人民的有效监督之下，才能代表各族人民充分行使人民赋予它的自治权。

（四）自治机关与一般地方国家机关的区别

正如前文所述，民族自治地方的自治机关具有双重性质，一方面它既是民族地方的自治机关；另一方面它又是一级地方政权机关，所以有必要对民族自治机关与一般国家机关进行比较，分析它们的不同点。

首先，两者在称谓上的不同。

前文已经说明，民族自治地方自治机关在名称的构成具有法定的要求，正常都按照地方名称、民族名称、行政地位的顺序组成，但也不排除存在个别特殊情况。这里所说的“特殊情况”主要是指下面两种情况：一是指个别民族自治地方自治机关的称谓中没有地方名称。例如，“鄂伦春自治旗人民政府”、“鄂温克自治旗人民政府”和“东乡族自治县人民政府”。二是有个别民族自治地方自治机关的名称中包含着民族名称。例如，在“内蒙古自治区人民政府”和“西藏自治区人民政府”的名称中，“内蒙古”和“西藏”的地方名称就包含了“蒙古族”和“藏族”的民族名称。其他一般地方国家机关在名称的构成上无此特殊的规定性。

其次，两者在组织和工作原则上的依据不同。《民族区域自治法》第15条第3款规定：“民族自治地方的自治机关的组织和工作，根据宪法和法律，由民族自治地方的自治条例或者单行条例规定。”这是民族自治地方的人民代表大会和人民政府同一般地方国家机关的又一区别。一般地方的人民代表大会和人民政府的组织和工作只根据宪法和法律规定，民族自治地方的人民代表大会和人民政府的组织和工作，除了根据宪法和法律规定之外，还要根据本地方的自治条例或者单行条例的规定。

再次，两者在机关的构成与人员组成上的不同。

在机关的构成上，一般地方国家机关的构成包括人民代表大会、人民政府、人民检察院和人民法院。而民族自治地方在机关的构成上只包括人民代表大会、人民政府。在机关的人员组成上民族自治地方自治机关的组成具有内在的规定性。

例如，在民族自治地方政府人员的组成问题上，《民族区域自治法》规定了自治地方行政机关的首长由实行区域自治的民族的公民担任，民族自治地方的人民政府实行自治区主席、自治州州长、自治县县长负责制。而其他一般地方国家机关在人员组成上无此具体的规定性。

最后，两者享有的权利范围上的不同。

民族自治地方的人民代表大会享有制定自治条例和单行条例的自治立法权，这是其他一般地方的立法机关所没有的。民族自治地方政府除了享有一般同级地方政府相同的权利外，还享有一般同级地方政府所不具有的其他权利。

五、民族自治地方自治机关的自治权

（一）自治权的内涵

在中国，实行民族区域自治的目标在于在维护国家统一的基础上，保障少数民族当家做主的权利，以实现民族平等、民族团结和各民族共同繁荣的目标。自治权是国家赋予自治地方少数民族在一定的区域内自主管理本民族本地方的一种权利；同时，自治权又是自治机关代表自治地方各族人民管理本民族本地方事务的一种权力。我国《宪法》第115条规定："自治区、自治州、自治县的自治机关行使宪法第三章第五节规定的地方国家机关的职权，同时依照宪法、民族区域自治法和其他法律规定的权限行使自治权，根据本地方实际情况贯彻执行国家的法律、政策。"自治权是中国民族区域自治制度的核心，自治机关的自治权，是指民族自治地方的人民代表大会和人民政府，依照《宪法》《民族区域自治法》和其他法律规定的权限，根据本民族、本地区的情况和特点，自主地管理本民族、本地区内部事务的权利。自治地方的自治权，是国家根据统一和自治的原则，赋予民族自治地方的权利，也是自治民族根据平等、自治的原则应该享有的权利。在我国，享有自治权利并不意味着特权，自治权主要表现为以下两个特点：其一为民族性和平等性。民族性表现为民族区域自治以少数民族聚居区为前提。自治机关民族化被视为民族自治的主要标志。在处理涉及本地方各民族的特殊问题的时候，自治机关必须与他们的代表充分协商，尊重他们的意见。平等性表现为在自治区域内非自治民族同实行区域自治的民族享有平等的权利。其二为自主性和从属性。一方面，自治地方的情况各不相同，每个自治地方都有权根据本民族、本地方的实际情况制定适合本民族本地方的政策；另一方面，自治地方的这种自治权又是国家赋予的，具有法定性的特点，必须在《宪法》《民族区域自治法》和其他法律关于民族区域自治所规定的权限范围内行使，自觉维护国家的整体利益，服从国家的监督和领导。值得一提的是，1954 年在制定《宪法》时，宪法委员会曾就自治权要不要在宪法和法律规定的权限范围内行使进行了讨论。有的委员认为，要规定在宪法法律的范围内，自治权就要受到很多限制，法律没有规定的事情就不能做了。邓小平同志对此做了充分的说明，他认为宪法充分保障了少数民族的权利，不能设想在宪法规定之外还可以做别的。如果宪法和法律的规定还不够，将来还可以补充，但也要由法律规定。事实证明，随着时代的发展，无论《宪法》还是《民族区域自治法》以及相关法律法规对民族自治地方的规定都是几经修订，自治权的内容也不断获得丰富和发展。

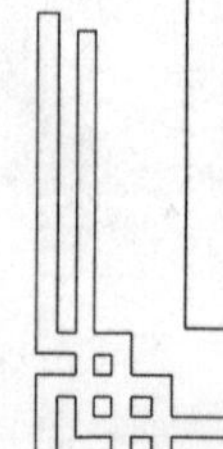

（二）自治权的内容

自治地方不同于其他一般地方区域的最大的特点就是在《宪法》和《民族区域自治法》及其他法律赋予和规定的权限内，自治地方的自治机关有权结合当地民族政治、经济和文化的特点，自主地行使管理本民族、本地方内部事务的权利。自治地方的自治权具有广泛性特点，涉及政治、经济、文化、社会各个方面，从《民族区域自治法》第19—45条来看，自治地方的自治权主要包括立法自治权、语言文字自治权、人事管理自治权、经贸管理自治权、财政税收自治权、自然资源和环境管理自治权、社会事业以及风俗习惯管理自治权。具体来讲，主要有以下内容：

第一，立法自治权。

立法自治权主要包括制定自治条例和单行条例和对上级国家机关的决议、决定、命令和指示变通执行和停止执行权。民族自治地方制定的自治条例和单行条例，是我国民族法制体系的重要组成部分。自治条例是民族自治地方的综合性法规；单行条例是民族自治地方的部分性质的、规范某一方面具体事务的法规。民族自治地方制定的自治条例和单行条例，同省、直辖市、自治区制定的地方性法规是有区别的。当然，不论是地方性法规，也不论是民族自治地方的自治条例和单行条例，都不能同国家宪法相抵触，这一点是相同的。但是，我国有不少法律明文规定民族自治地方的人民代表大会可以根据当地民族的特点和具体情况，制定变通的或补充的规定。如《中华人民共和国刑法》《中华人民共和国民事诉讼法》《中华人民共和国婚姻法》《中华人民共和国森林法》等法律就作了这样的规定。而一般的省、直辖市，则无权变通执行国家的法律。以《中华人民共和国婚姻法》规定，“结婚年龄男不得早于22周岁，女不得早于20周岁”，省和直辖市的人民代表大会和它们的常务委员会制定的地方性法规是无权改变这个规定的。但是，民族自治地方的人民代表大会则可以根据当地民族的风俗习惯等具体情况，制定单行条例作出变通规定。例如，四川省凉山彝族自治州施行《中华人民共和国婚姻法》的规定，就把结婚年龄变通为男不得早于

20 周岁，女不得早于 18 周岁。自治机关根据本民族、本地方的实际情况依法行使立法自治权既有利于国家法律在自治地方的顺利实施，又能适应自治地方根据自身特点发展本地方经济、文化和社会事业的需要。

第二，语言文字自治权。

少数民族文化是中华文化的重要组成部分，是中华民族的共有精神财富。语言是民族文化的载体，是民族认同的重要要素，也是一个民族区别于其他民族的主要特征，对一个民族语言的尊重体现了对该民族的尊重。对于少数民族而言，语言文字自治权是一个民族获得延续和发展的需要。语言文字自治权是指民族自治地方的自治机关在执行职务的时候，依照本民族自治地方自治条例的规定，适用当地通用的一种或几种语言文字。

中国政府通过各种政策措施，尊重和保护少数民族文化，支持少数民族文化的传承、发展和创新，鼓励各民族加强文化交流，繁荣发展少数民族文化事业。中国 55 个少数民族中，除回族和满族通用汉语文外，其他 53 个少数民族都有本民族语言，有 22 个民族共使用 28 种文字，其中壮、布依、苗等12个民族使用的16种文字是由政府帮助创制或改进的。从1949年的《共同纲领》到新中国的历次《宪法》，都对尊重少数民族语言文字作出了明文规定。《民族区域自治法》重申了《宪法》的原则，规定：民族自治地方的自治机关在执行公务的时候，依照本民族自治地方自治条例的规定，使用当地通用的一种或者几种语言文字；同时使用几种通用的语言文字执行职务的，可以以实行区域自治的民族语言文字为主。为了帮助少数民族使用和发展本民族语言文字，除了各自治机关在政务活动中使用少数民族语言文字外，党和国家还创办了民族出版社，用多种少数民族文字出版书刊，中央人民广播电台同时使用多种少数民族语言进行广播。各民族自治地方也有本民族的出版社和广播电台，用本民族语文出版报刊，进行广播。对于有自己的语言尚无文字的民族，党和国家帮助他们充实完善其文字。如帮助傣族、景颇族、拉祜族改进了文字，帮助壮族、布依族、苗族、黎族、纳西族、傈僳族、哈尼族、佤族、侗族、白族、土族等十多个民族创造了文字。在尊重和发展少数民族语言文字的同时，党和政府还提倡各民族互相学习语言文字。

在少数民族地区工作的汉族干部要学习当地少数民族语言文字，少数民族干部要学习普通话和汉文。许多少数民族地区的中小学校，开设了双语课，同时讲授汉语和少数民族语文。除此之外，我国还在《人民法院组织法》《刑事诉讼法》《民事诉讼法》《全国人民代表大会和地方各级人民代表大会选举法》《全国人民代表大会组织法》《义务教育法》《扫盲条例》等法律、法规中，以及在自治区、自治州、自治县等民族自治地方的自治条例中，对民族语言文字的使用和发展作出了明确的规定，有些自治区和多民族省以及自治州和自治县，还制定了民族语言文字使用和管理的专项条例或工作条例。比如，内蒙古、新疆、西藏等民族自治区，制定和实施了使用和发展本民族语言文字的有关规定和实施细则。目前，中国少数民族约有 6000 万人使用本民族语言，占少数民族总人口的 60%以上，约有 3000 万人使用本民族文字。

第三，人事管理自治权。

培养和配备少数民族干部是民族自治的重要标志。人事管理自治权的核心在于要保障少数民族依法管理本民族和本地方事务。这项权利的主要内容包括：自治地方要大量培养少数民族干部和妇女干部；自治地方的人员录用要对实行区域自治的少数民族和其他少数民族给予优先照顾。

民族自治地方各族人民行使宪法和法律赋予的选举权和被选举权，通过选出人民代表大会代表，组成自治机关，行使管理本民族、本地区内部事务的民主权利。目前，我国155个民族自治地方的人民代表大会常委会中都由实行区域自治的民族的公民担任主任或者副主任，自治区主席、自治州州长、自治县县长全部由实行区域自治的少数民族公民担任。

为切实保障自治机关充分行使管理本民族、本地区内部事务的政治权利，上级国家机关和民族自治地方的自治机关采取各种措施，大量培养各级少数民族干部和各种科学技术、经营管理等专业人才。同时，各少数民族还通过选出本民族的全国人民代表大会代表，行使管理国家事务的权利。自第一届全国人民代表大会以来，历届全国人民代表大会少数民族代表的比例一直保持在14%左右，大大高于少数民族人口的比例。例如，第十一届全国人民代表大会有少数民族代表411名，占代表总数的13.76%，高于少数民族人口比例 5.35 个百分点。每个少数民族都有本民族的全国人民代表大会代表，人口在百万以上的少数民族都有全国人民代表大会常务委员会委员。

第四，经济建设自主权。

经济建设自主权是民族自治地方自治权的核心和焦点。自治地方具有丰富的自然资源和人文资源，只有赋予自治地方充分的经济建设自主权才能充分发挥自治地方的积极性和创造性，化自然优势为经济优势。民族自治地方的自治机关根据法律规定和本地方经济发展的特点，合理调整生产关系和经济结构；在国家计划的指导下，根据本地方的财力、物力和其他具体条件，自主地安排地方基本建设项目；自主地管理隶属于本地方的企业、事业。民族自治地方依照国家规定，可以开展对外经济贸易活动，经国务院批准，可以开辟对外贸易口岸；民族自治地方在对外经济贸易活动中，享受国家的优惠政策。根据国家的国民经济和社会发展的总体规划，各民族自治地方结合实际，都制定了经济社会发展的规划、目标和措施。

为促进民族自治地方的经济发展，国家赋予民族自治地方财政自主权和获得国家财政补助的权利，民族自治地方有依法享受国家税收优惠和获得外贸优惠的权利。凡是依照国家财政体制属于民族自治地方的财政收入，都由民族自治地方的自治机关自主地安排使用。民族自治地方的财政预算支出，按照国家规定，设立的机动资金、预备费在预算中所占比例高于一般地区。民族自治地方的自治机关在执行财政预算的过程中，自行安排使用收入的超收和支出的节余资金。同时，民族自治地方的自治机关在执行国家税法的时候，除应由国家统一审批的减免税收项目以外，对属于地方财政收入某些需要从税收上加以照顾和鼓励的，可以实行减税或者免税。

第五，自然资源和环境管理自治权。

民族自治地方大多蕴含丰富的自然资源，这些自然资源是自治地方获得发展的物质基础，也是国家获得整体发展的宝贵财富。因此，既要合理开发自治地方的自然资源，保障自治地方从资源开发、利用中获益，又要保护自治地方的生态平衡，防止对自治地方资源进行掠夺性开发，对自治地方环境造成毁灭性破坏。自治地方的人民作为自治地方的主人，对自治地方的自然环境享有天然的权利，要保护他们的合法利益。例如，四川阿坝藏族羌族自治州充分发挥世界自然遗产九寨沟、黄龙的优势，把旅游资源转换为旅游产业，在保护中开发，在开发中保护。

第六，社会事业以及风俗习惯管理自治权。

民族自治地方有权依据法律规定，自主发展本地区教育、科技、文化等社会事业。民族自治地方的自治机关根据国家的教育方针，依照法律的规定，决定本地方的教育规划，各级各类学校的设置、学制、办学形式、教学内容、教学用语和招生办法。在少数民族牧区和经济困难、居住分散的少数民族山区，设立以寄宿为主和助学金为主的公办民族小学和民族中学，保障就读学生完成义务教育阶段的学业。设立少数民族学生为主的学校（班级）和其他教育机构，有条件的应当采用少数民族文字的课本，并用少数民族语言讲课；根据不同情况从小学低年级或者高年级起开设汉语文课程，推广全国通用的普通话和规范汉字。民族自治地方的自治机关自主地发展具有民族形式和民族特点的文学、艺术、新闻、出版、广播、电影、电视等民族文化事业。组织、支持有关单位和部门收集、整理、翻译和出版民族历史文化书籍，保护民族地区的名胜古迹、珍贵文物和其他重要历史文化遗产，继承和发展优秀的民族传统文化。截至2006年底，我国有世界文化遗产、自然遗产、文化与自然遗产30个，其中，在民族自治地方的文化遗产有拉萨布达拉宫、丽江古城2个；自然遗产有九寨沟、黄龙风景名胜区和“三江并流”自然景观3个。此外，纳西东巴古籍文献被列入“世界记忆遗产名录”，维吾尔族“十二木卡姆”和“蒙古族长调民歌”已被列为联合国口头和非物质文化遗产代表作名录，还有阿诗玛、蒙古族马头琴音乐等154项少数民族非物质文化遗产入选国务院公布的第一批国家级非物质文化遗产名录。

民族风俗习惯，是一个民族在长期历史发展过程中，在一定的自然环境和社会环境中相沿积久而形成的生活方式，它表现在生产、禁忌、居住、饮食、服饰、婚姻、丧葬、生育、节日、庆典、娱乐、礼仪等许多方面，在不同程度上反映了一个民族的历史传统、心理感情以及道德准则、宗教观念等。风俗习惯是民族特点的重要组成部分，也是一个民族区别于另外一个民族的重要标志之一。自然环境、生产力水平、生产方式、宗教信仰、重大历史事件和重要人物，都是影响民族风俗习惯形成的因素。在长期的历史发展过程中，由于我国各民族所处的自然和社会环境条件不同，因而所形成的各民族的风俗习惯存在着很大差异，都具有浓厚的民族特点。风俗习惯在民族交往中十分敏感，一个民族往往会把其他民族对待本民族风俗习惯的态度看作是对待自己民族的态度。我国宪法和法律对尊重少数民族风俗习惯都有明确规定，例如，《中华人民共和国刑法》就专门列有“侵犯少数民族风俗习惯罪”，规定：“国家机关工作人员非法剥夺公民的宗教信仰自由和侵犯少数民族风俗习惯，情节严重的，处二年以下有期徒刑或者拘役。”在我国，民族自治地方的自治机关保障各少数民族都有按照传统风俗习惯生活并进行社会活动的权利和自由，包括尊重少数民族生活习惯、尊重和照顾少数民族的节庆习俗、保障少数民族特殊食品的经营、扶持和保证少数民族特需用品的生产和供应以及尊重少数民族的婚姻、丧葬习俗等。同时，也要正确引导各族群众移风易俗，倡导科学、文明、健康的生活方式。对于那些不利于少数民族发展进步的陈规陋习，由少数民族群众自己决定改革或者坚持，决不能以任何行政命令的方式强迫少数民族群众进行改革。

（三）民族自治地方自治权和一般地方行政区域权力的异同

民族自治地方的自治权是具有双重性的，与国家一般地方行政区域相比，所拥有的权力既有共同之处，又有差异所在。其中相同点主要表现在：第一，从中央与地方关系来看，民族区域自治地方和一般地方行政区域的职权都来源于中央授权，都要服从国家的统一领导和监督，自治机关的自治权和一般地方国家行政机关的职权都具有对国家权力的从属性。第二，从中央和地方的职权划分来看，都要遵循在中央的统一领导下，充分发挥地方的主动性、积极性的原则，都在某种程度上体现了中央和地方的分权，权力的行使都体现了某种程度的自主性。第三，民族自治地方的自治机关和一般地方国家机关都要坚持民主集中制原则。民族区域自治地方的人民代表大会和一般地方行政区域的人民代表大会都由民主选举产生，对人民负责，受人民监督。民族自治地方的和一般地方行政区域的行政机关、审判机关和检察机关都由本地方人民代表大会选举产生，对其负责，受其监督。第四，无论民族自治地方的自治权还是其他一般地方国家机关的职权都是为了保证人民当家做主的权利，都要坚持人民主权和基本人权原则。

同时，我们也应看到，虽然民族自治地方和一般地方行政区域在某种程度上都是一种区域自治，都行使某种程度的区域自治权，都是为了保证人民当家做主，保证本区域内人民管理国家事务、地方事务的权力。但民族区域自治是在少数民族聚居的地方设立自治机关，行使自治权，是民族自治和区域自治的结合，与一般地方行政区域的职权相比，民族自治地方的自治权更多体现了一种“民族”因素，在权力的性质、自治机关的设立和人员构成以及行使职权的依据和权力的内容方面都表现出很大的不同：

第一，民族自治地方的自治权作为一种民族权利，是实行区域自治的民族自治权与区域内非自治民族平等权有机结合的权利。作为一种国家机关的权力是自治机关所拥有的实行民族自治和区域自治的权力。一般地方行政区域的权力与民族因素无关，它体现的是该区域内人民对国家事务和地方事务的平等管理权，是一般地方国家机关管理本地方事务的权力。

第二，从自治机关的设立和人员构成看，更多体现了民族性因素，自治机关的设立要以少数民族聚居为前提，其人员构成要体现民族性，要大力培养少数民族干部。而一般地方行政区域设立和人员构成与民族因素无关。

第三，从权力的行使依据看，根据相关法律规定，我国民族自治地方自治权行使的法律依据主要包括《宪法》《民族区域自治法》和其他法律有关民族区域自治制度的规定、行政法规关于民族区域自治制度的规定、辖有民族自治地方的省关于民族区域自治制度的地方性法规和规章以及民族自治地方制定的自治条例和单行条例，以及对上级国家机关的决议、决定、命令、指示所有的变通规定和补充规定；一般地方行政区域则主要以《宪法》《中华人民共和国各级地方人民代表大会和地方各级人民政府的组织法》《地方各级人民政府机构设置和编制管理条例》等法律法规作为行使职权的法律依据。民族自治地方自治权的特殊之处在于其有权依法制定自治条例、单行条例、变通规定和补充规定，并且这种自治条例、单行条例、变通规定和补充规定将成为自治权的行使依据。

第四，从权力的范围看，民族自治地方的自治权主要表现为立法自治权和行政管理自治权。与其他一般地方行政区域的立法权和行政管理权相比，自治区的立法自治权和行政管理自治权要大。与一般地方立法机关不同，我国民族自治地方的自治机关除了有依法制定地方性法规的权力，还有依法制定自治条例和单行条例的权力。这种自治条例和单行条例在制定主体、依据以及程序上都存在不同。自治条例和单行条例只能由民族自治地方的人民代表大会制定，而地方性法规由省、自治区、直辖市和较大的市的人民代表大会及其常委会制定；法律规定自治县的人大人民代表大会有制定自治条例和单行条例的权力，而一般地方行政区域的县则没有制定地方性法规的权力；自治条例和单行条例要依照自治地方的政治、经济和文化特点以及《宪法》《民族区域自治法》和其他关于民族区域自治地方的法律制定，一般地方性法规根据本行政区域的具体情况和实际需要在不同宪法、法律、行政法规和本省、自治区地方性法规相抵触的情况下制定地方性法规；此外，自治机关可以依法对上级国家机关的决议、决定、命令和指示变通执行或停止执行。由于自治立法具有一定的创新性，要经过事先“批准”程序。一般地方性法规不得与宪法、法律、行政法规和本省、自治区的地方性法规“相抵触”，表明一般性地方性法规主要为执行性立法，没有事先“批准”程序，有事后“备案”程序。从法律审查的严格程度看，自治立法受到的审查比较严格。从自治地方的行政管理自治权来看，自治机关有对上级国家机关的决议、决定、命令和指示进行变通的权力。因此，自治地方政府行政管理事务的权力要比一般地方行政区域政府大得多。

（四）国家对自治权行使承担的责任

国家根据各少数民族的特点和需要，帮助各少数民族地区加速发展经济和文化。上级国家机关对于民族自治地方的领导与帮助是一种法定义务，“国家的保障是民族自治地方充分享有和行使民族区域自治权的关键因素。”《民族区域自治法》专门以“上级国家机关的职责”为题单列一章内容来对国家承担的责任加以规范。2005 年，国务院又从行政机关的角度发布了《国务院实施〈中华人民共和国民族区域自治法〉若干规定》。具体来说，上级国家机关的职责主要包括经济、财税金融、人才技术三个方面。

第一，经济建设事业方面的职责。

这项职责主要包括：上级国家机关帮助、指导民族自治地方经济发展战略的研究、制定和实施，从财政、金融、物资、技术和人才等方面，帮助各民族自治地方加速发展经济、教育、科学技术、文化、卫生、体育等事业；国家制定优惠政策，引导和鼓励国内外资金投向民族自治地方；上级国家机关在制定国民经济和社会发展计划的时候，应当照顾民族自治地方的特点和需要；国家根据统一规划和市场需求，优先在民族自治地方合理安排资源开发项目和基础设施建设项目；在重大基础设施投资项目中适当增加投资比重和政策性银行贷款比重；在民族自治地方安排基础设施建设，需要民族自治地方配套资金的，根据不同情况给予减少或者免除配套资金的照顾等等。

近年来，为加快少数民族和民族地区的发展，国家采取了一系列措施，比如实施西部大开发战略、开展“兴边富民”行动、重点扶持22个人口较少民族的发展等。自2000年实施“兴边富民”行动以来，本着“富民、兴边、强国、睦邻”的宗旨，中央各部门和地方各级政府不断加大对边境地区的投入力度，加强了边疆地区的基础设施建设，培育和扶持了一大批特色优势产业，解决了边境地区各族人民群众最关心、最直接、最现实的诸多切身问题，逐步缩小了边境民族地区与发达地区的差距。另外，《中共中央关于制定国民经济和社会发展第十二个五年规划的建议》在区域发展总体战略中规定：坚持把深入实施西部大开发战略放在区域发展总体战略优先位置，给予特殊政策支持，发挥资源优势和生态安全屏障作用，加强基础设施建设和生态环境保护，大力发展科技教育，支持特色优势产业发展。加大支持西藏、新疆和其他民族地区发展力度，扶持人口较少民族发展。

第二，财税、金融方面的职责。

这项职责主要包括：上级国家机关加大对民

族自治地方的金融扶持力度，金融机构对民族自治地方的固定资产投资项目和符合国家产业政策的企业，在开发资源、发展多种经济方面的合理资金需求，应当给予重点扶持；国家鼓励商业银行加大对民族自治地方的信贷投入，积极支持当地企业的合理资金需求；上级财政逐步加大对民族自治地方财政转移支付力度；在投资、金融、税收等方面扶持民族自治地方改善农业、牧业、林业等生产条件和水利、交通、能源、通信等基础设施；扶持民族自治地方合理利用本地资源发展地方工业、乡镇企业、中小企业以及少数民族特需商品和传统手工业品的生产。

第三，人才、技术支持方面的职责。

这项职责主要包括：上级人民政府指导民族自治地方制定人才开发规划，采取各种有效措施，积极培养使用实行区域自治的民族和其他民族的各级各类人才；加大对少数民族和民族自治地方干部的培训力度，扩大干部培训机构和高等院校为民族自治地方培训干部与人才的规模；建立和完善民族自治地方与中央国家机关和经济相对发达地区干部交流制度；上级国家机关隶属的在民族自治地方的企业、事业单位依照国家规定招收人员时，优先招收当地少数民族人员；帮助民族自治地方从当地民族中大量培养各级干部、各种专业人才和技术工人；鼓励和支持各级各类人才到民族自治地方发展、创业，当地人民政府应当为他们提供优惠便利的工作和生活条件。帮助民族自治地方加快实用科技开发和成果转化，大力推广实用技术和有条件发展的高新技术，积极引导科技人才向民族自治地方合理流动；上级国家机关从财政、金融等方面帮助民族自治地方的企业进行技术创新，促进产业结构升级，应当组织和鼓励民族自治地方的企业管理人员和技术人员到经济发达地区学习，同时引导和鼓励经济发达地区的企业管理人员和技术人员到民族自治地方的企业工作。

实行民族区域自治制度以后，国家始终坚持对民族自治地方进行人才和技术的支持。经过六十多年的努力，民族地区师资队伍建设得到了长足进展。据不完全统计，全国少数民族专任教师数量从 2001 年底的约 87.5 万人上升到 2009 年的约 113.55 万人，占全国专任教师总数的 8.25％，使得民族地区教师选拔录用有了更大的回旋余地。多元化的教师准入格局，在确保数量的同时，也带来了教师队伍整体素质的提升，民族地区教师的年龄结构不断趋于合理，45 岁以下中青年教师已逐步成为教师队伍的骨干力量，民族地区教师拥有高级职称的教师比例也在不断上升，在新增教师中，具有大学专科、本科学历的教师已经成为主体。特别是 2011 年，民族地区的首届免费师范生毕业后，其中 90%以上到了中西部的中小学任教，有 39%到了乡镇及以下的中小学任教。

六、我国实行民族区域自治制度取得的伟大成就

新中国成立前，我国少数民族人口发展的基本状况是高出生、高死亡、低自然增长，人口增长十分缓慢，有的民族人口呈现负增长，甚至濒临灭绝的边缘。如内蒙古的蒙古族，在清乾隆年间有118万人，但到1947年内蒙古自治政府成立时，只剩下83.2万人，170多年间，人口约减少了35万人，下降了29.5%。鄂伦春族在新中国成立前的几百年间人口呈现负增长状态，清朝初期人口约1.5万人，到1945年，只剩下不足2000人，濒临灭绝边缘。还有赫哲族的人口在旧中国也经历了一个锐减的过程。1856年有5016人，民国初年仅剩2000人，到新中国成立初期，仅剩

下 300 余人，处于民族灭绝的境地。少数民族地区生产力水平低下，经济、社会、文化发展相当落后，几乎没有现代工业、现代教育和现代医疗，基础设施建设很差，文盲人口占绝大多数，疾病盛行，生活十分困苦。

新中国成立后，特别是改革开放以来，党和国家依照民族平等、团结、发展、繁荣的宗旨，坚持以保证少数民族经济权益、促进少数民族和民族地区经济发展为出发点，兼顾少数民族自身发展的特点和经济相对滞后的状况，在国民经济和社会发展总规划中，给予少数民族和民族地区政策上的优惠。经过六十多年的努力，少数民族地区生存和生活环境明显改善，经济和各项社会事业迅速发展，和全国人民一起共享现代化建设各项成果。仅以人口状况作比较，前面提到的几个少数民族在第六次人口普查中的结果显示，内蒙古自治区常住人口中，蒙古族人口约为 422.6 万人，占全区人口的 17.11%。鄂伦春族的人口为 8659 人，赫哲族的人口为 5354 人。这充分证明，民族区域自治制度适合我国的国情，促进了个少数民族地区经济和各项事业的蓬勃发展。全国各族人民在中国共产党的领导下，共同见证我国实行民族区域自治取得的伟大成就。

（一）进一步巩固了中华民族的统一，为构建和谐社会提供了强大的精神动力

中国自古以来就是一个统一的多民族国家，但从少数民族地区的情况来看，旧中国的少数民族保留着不同的政治制度。比如内蒙古自治区有盟旗和省县并存，省县由中央委派的官员治理，盟旗则由世袭王公统治。西藏地区存在着“政教合一”的僧侣贵族专政制度。西南和西北一些民族地区还保存着不同范围的土司制度、山官制度等。这些传统制度，不仅具有压迫和剥削人民的性质，而且影响中央政府政令的统一，不利于国家主权的维护。民族地区大多位于祖国的边疆，这种政治上不统一状态，很容易为外国侵略势力利用，影响祖国边疆的稳固。因此，毛泽东同志早在 20 世纪 50 年代就指出：国家的统一，人民的团结，国内各民族的团结，这是我们的事业要取得胜利的基本保证。

改革开放以来，党和国家根据已经变化了的形势，进一步完善民族区域自治制度，更加巩固了中华民族的统一，为构建和谐社会提供了强大的精神动力。1984 年 10 月颁布的《民族区域自治法》规定：民族自治地方的自治机关必须维护国家的统一，保证宪法和法律在本地方的遵守和执行。党的十八大明确提出：全面正确贯彻落实党的民族政策，坚持和完善民族区域自治制度，深入开展民族团结进步教育，加快民族地区发展，促进各民族和睦相处、和衷共济、和谐发展。因此，按照法律及党的政策规定，给予民族自治地方的自治机关在政治、经济、文化、教育、卫生、科技等各方面的自治权利，调动并发挥了各族人民群众的积极性、主动性、创造性，使一切有利于社会进步的创造愿望得到尊重，创造活动得到支持。这不但促进了我国的社会主义民主和法制建设，更为祖国统一、民族团结提供了有效的法律保障。既保障了少数民族实行民族区域自治的权利，又从根本上改变了旧中国许多民族地区存在的不同程度的割据状态，实现了国家在政治上的高度统一，使得祖国的边防得到巩固，各少数民族人民翻身成了国家的主人，掌握了自己的命运，真正实现了各族人民在振兴中华民族总目标下的利益一致，形成了中国历史上空前的民族大团结的局面。

因此，我们要充分认识到，在新的形势下，坚持和完善民族区域自治制度，是深入贯彻落实科学发展观的根本要求，是全面建设小康社会、推进中国特色社会主义事业的迫切需要，是推进社会主义政治文明建设、构建社会主义和谐社会的制度保障。民族区域自治制度使祖国各族人民团结一致，共创和谐。它将各族人民热爱祖国的感情与热爱自己民族的感情有机地结合起来，既维护了国家的统一和中央的权威，又保障了各少数民族的平等权利和自治权利，既巩固了汉族离不开少数民族，少数民族离不开汉族，各少数民族之间也互相离不开的密切关系，又形成了各民族互相尊重、互相合作，同呼吸、共命运、心连心的安定团结的政治局面，既增强了中华民族强大的凝聚力与战斗力，又带动了各族人民克服前进道路上的重重障碍，合力涌入构建和谐社会的大潮中。

（二）充分保障了少数民族平等的民主政治权利

首先，民族区域自治制度保障了少数民族在法律上的平等权利。民族平等不仅表现为民族之间的平等，而且表现为一个民族内部成员间的平等。在旧中国，历代统治者推行民族压迫与民族歧视政策，少数民族长期处于被奴役、被压迫、被摧残的悲惨地位，民族矛盾与冲突始终存在，并且十分尖锐。新中国成立后，中国共产党在民族地区普遍进行了社会改革，废除了奴隶制、封建农奴制的社会制度，进行了废除封建特权的宗教制度改革，并先后进行了社会主义改造，使得各族人民从落后、野蛮、黑暗的制度下解放出来。随着改革开放的进一步深入，《民族区域自治法》的全面贯彻执行，保障了各民族在法律上一律平等。在民族自治地方，根据《民族区域自治法》规定，民族自治地方的自治机关，不仅保障实行自治民族的权利，还保障自治区域内其他民族公民的平等权利。各自治地方在进行社会主义现代化建设过程中，可以从本民族、本地区的实际出发，因地制宜地采取各种切合实际的有利于本民族、本地区发展的措施与政策，遵循《宪法》和《民族区域自治法》制定出自治条例、单行条例与地方性法规等。民族区域自治制度有效地保障了各少数民族在法律上的平等地位和平等权利，成为巩固人民民主专政、实现民族平等、民族团结和民族共同发展繁荣的基本政策和政治制度。

其次，民族区域自治制度保障了少数民族在各级政权中的平等权利。民族区域自治制度及其相关政策对少数民族参加全国人民代表大会和地方各级人民代表大会的代表名额作了专门的规定和特殊照顾，保障了少数民族在各级政权中的平等权利。自第一届全国人民代表大会以来，历届全国人民代表大会少数民族代表的比例都高于少数民族人口的比例。全国各少数民族都有自己的代表，包括人口只有一千多人的赫哲族。十八大代表中，少数民族党员代表数量增加。当选代表中，43 个少数民族有代表，少数民族党员代表 249 名，比十七大时增加了 7 名，占 11%。这个比例高于少数民族人口所占全国总人口的比例 (8.49%)。民族自治地方的自治区主席、自治州州长、自治县县长全部由实行区域自治民族的少数民族公民担任；民族自治地方的各级党委、人大、政府、政协领导班子及其职能部门，都配有一定数量的民族干部。各少数民族直接参与了国家事务的管理，形成了在党、政、教科文卫等各方面有专业技能的一支广大的干部队伍，在建设中国特色社会主义现代化的各条战线上发挥着重要作用。

实践证明，民族区域自治制度是保障各少数民族平等权利和自治权利的最适宜的形式。提高了少数民族的政治地位，最大限度地满足了各少数民族积极参加国家政治生活的愿望。使得在旧社会中处于被压迫、被剥削地位的少数民族以平等的身份登上政治舞台，成为祖国大家庭中的主人。民族区域自治制度赋予我国少数民族的权力之大和地位之高，在中国历史上是前所未有的，也是任何一个资本主义国家所做不到的。

最后，民族区域自治制度保障了少数民族的语言文字、风俗习惯和宗教信仰得到尊重。我国各民族的语言文字、风俗习惯和宗教信仰，都是在长期的历史发展中形成的，是各民族特点的鲜明体现。经过改革开放三十多年的不断探索，民族区域自治制度也愈加丰富与完善。各级国家机关制定政策、法规，采取措施，认真落实相关规定，出台了各种管理办法，有效地保障了少数民族的语言文字、风俗习惯和宗教信仰等各方面的权利得到尊重。

（三）有力地促进了少数民族地区经济文化社会的全面发展与繁荣

改革开放三十多年来，我国实行民族区域自治制度，取得了辉煌的成就，有力地促进了少数民族地区经济文化社会的全面发展与繁荣。

第一，国民经济快速增长，生活水平显著提高。民族地区经济总量占全国总量比重有所提高。2010年全国民族自治地方国内生产总值达到38989亿元，按可比价格计算，比上年增长14.0%。民族自治地方国内生产总值占全国国内生产总值的9.71%。其中第一产业增加值完成6198亿元，比上年增长5.6%；第二产业增加值完成18809亿元，比上年增长18.2%；第三产业增加值完成13982亿元，比上年增长12.1%。2010年民族自治地方人均地区生产总值达到2.2

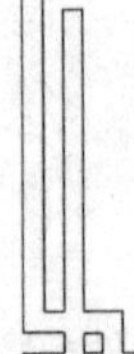

万元。在5个自治区中，内蒙古自治区生产总值增长速度达到15%，居于5个自治区首位。5个自治区的人均国内生产总值均超过2500美元。这里以西藏自治区为例，翻开西藏经济发展图表，1959年至2010年，西藏国民生产总值由1.74亿元增长到507.46亿元，按可比价格计算，增长83.3倍，年均增长9.1%。1994年以来，西藏国民生产总值年均增长达到12.6%，高于全国同期年均增长水平。1959年至2010年，西藏人均国民生产总值由142元提高到1.7万元。2010年地方财政一般预算收入达到36.1亿元，连续8年保持20%以上的增长。

同时，民族地区城乡居民收入稳定增长，人民生活水平稳步提高。民族自治地方城镇居民人均可支配收入1.6万元，比上年增长11%。全年城镇居民人均生活费支出为1.12万元，比上年增长10%。农牧民收入稳定增长，生活继续改善。民族自治地方农牧民人均纯收入为4232元，比上年增长16%。农村居民人均生活费支出为3282元，比上年增长11%。城镇居民家庭恩格尔系数为35.8%，比上年下降1个百分点。农村居民家庭恩格尔系数为45.4%，比上年下降0.9个百分点。

第二，基础设施改善明显，生态环境建设加强。2010年民族自治地方国有铁路营业里程2.12万公里。公路通车里程达到91万公里。民族自治地方铁路和公路完成货物运输周转量10745亿吨公里，完成旅客运输周转量2500亿人公里。邮电通信业全年完成邮电业务总量2456亿元，比上年增长14.7%。固定电话用户2662万户；移动电话用户达到9728万户，比上年增长17.4%；国际互联网用户达到2482万户，比上年增长1.83倍。随着多项重点工程的实施，民族地区的生态环境有了一定的改善，生态环境恶化趋势开始得到遏制，为国家建设环境友好型社会和实现可持续发展作出了重要贡献。仍以西藏自治区为例，“十五”和“十一五”是西藏发展最快的时期，这一时期国家对西藏固定资产投资超过1100亿元，新建了297个重大项目，帮助西藏形成了较强的自我发展能力。从1993年至2010年，西藏经济连续18年保持两位数以上增长，实现了前所未有的大发展。今天的西藏已基本建起了立体交通网络。2010年9月26日，青藏铁路首条延伸线——拉萨至日喀则铁路正式开工建设，这条铁路极大地激发了西藏中心区域的经济活力。目前，西藏自治区所有乡镇和80%以上的行政村通了公路，通车里程达到 5.8 万公里，比 1950 年增加 5.07 万公里。西藏 7 个地市有 5 个通航，以拉萨为枢纽，昌都、林芝、阿里、日喀则为支线，辐射周边大中城市的航线网络基本形成，开辟国内外航线 21 条。全区已实现乡乡通宽带、村村通电话，广电讯号覆盖全区。电力装机容量达到 97.4 万千瓦，用电人口覆盖率达 82%。此外，格尔木至拉萨输油管道、羊八井地热电站、藏木水电站、青藏交直流联网工程等一批重要能源基础设施项目也正在加紧建设。西藏，又将迈上新的腾飞起点。

第三，教育事业全面发展，文化事业成绩斐然。截至 2010 年末，民族自治地方共有普通高等院校 209 所，比上年增加 13 所；招生 49 万人，在校本专科生 156.3 万人，分别比上年增长 10.5%和 8.9%。普通中学 1.1 万所，招生 444.8 万人，在校学生 1248.6 万人。普通小学 4.9 万所，招生 253.1 万人，在校学生 1536.3 万人。55 个少数民族都培养了自己的大学生，有些少数民族还有了硕士、博士乃至院士。其中 10 多个少数民族每万人拥有大学生数超过了全国平均水平。朝鲜族、满族、蒙古族、哈萨克族、锡伯族等 14 个民族的受教育年限高于全国平均水平，在全面发展教育事业的同时，继续稳步推进文化事业。

国家不但设立了专门工作机构，组织3000多名专家学者，完成五种少数民族丛书的编辑出版工作，并使得55个少数民族都各自有了一部文字记载的简史；国家还先后投入5500万元人民币、黄金1000公斤、拨专款3.3亿元人民币，对著名的布达拉宫进行了两期维修；2006年国务院审批公布的第一批国家级非物质文化遗产名录中，少数民族项目约占全部项目的1/3；维吾尔族、藏族、蒙古族等少数民族语言广播电视节目译制制作能力和质量大幅提高，大部分民族地区能收听收看到相应的民族语言广播电视节目；举办少数民族传统体育运动会、民族艺术节等，展示绚丽多彩的民族文化，丰富了各族群众的业余生活，促进了精神文明建设。至2010年末，民族自治地方有各种艺术表演团体806个，公共图书馆636个，文化馆776个，博物馆344个。全年报纸出版17.5亿份，各类杂志出版8276万册，图书出版4.3亿册（张）。共有广播电视台564个，广播电台46个，电视台56个。民族自治地方广播综合人口覆盖率92.7%，电视人口综合覆盖率95%。

第四，医疗事业稳步前进，社会保障不断增强。民族卫生工作，关系到民族地区各民族人民的身体健康和各项建设事业的发展，关系到民族团结、民族进步和民族地区改革开放的伟大事业，是一项不容忽视，必须做好的重要工作。新中国成立前，民族地区医疗卫生事业极为落后，鼠疫、天花、麻风病等传染病十分流行。每遇瘟疫，病人便成批死亡，有的地方甚至到了无人收尸的地步。云南南部重镇思茅就发生过流行性疟疾，县城里几万人，到新中国成立时仅存千余人。据统计资料显示，1949 年，全国民族地区只有卫生机构 361 个，病床 3310 张，卫生技术人员 3531 人。新中国成立后，为促进民族地区医疗卫生事业的发展，从根本上改变民族地区缺医少药的状况，党和国家采取了多项措施，改善民族地区的医疗卫生条件。在党和政府的领导下，经过全国各族人民的亲密团结和共同努力，少数民族地区医疗卫生事业得到了较快发展，民族地区疾病预防工作取得了很大成效。特别是党的十一届三中全会以来，少数民族地区的医疗卫生事业得到了良好发展，在保障人民健康、提高民族素质、增强民族团结等方面发挥了重要作用。2010 年末，民族自治地方共有卫生机构（其中包括医院、卫生院、门诊部、疗养院所、专科防治所站、卫生防疫站、妇幼保健所站）4.5 万个，卫生机构床位 59.6 万张，卫生技术人员 68.1 万人。民族自治地方卫生机构价值 50 万元以下的设备共有 28.6 万台，价值 50 万元至 100 万元的设备有 7151 台，价值 100 万元以上的设备有 5153 台。以西藏自治区为例，从和平解放初期开始，农牧民就人人享受免费医疗的特殊优惠政策，50 多年来，中央先后多次提高农牧民免费医疗补助标准，由 2002 年的 30 元提高到了 2007 年的 100 元。从 2003 年 8 月起，西藏自治区进一步完善了农牧区医疗制度，目前，以免费医疗为基础的农牧区医疗制度已经惠及全体农牧民，除县政府所在地不设乡镇卫生院外，其他乡镇都建起了卫生院，除外科手术外，其他疑难病症一般都能在本乡镇治疗。医疗卫生事业的不断改善，使西藏人民尤其是农牧民的健康保障水平显著提高，人均寿命也从新中国成立初的 35.5 岁提高到现在的 67 岁。

民族地区的社会保障也不断增强，在国家的帮助下逐步建立和完善了包括养老、失业、医疗、工伤、生育保险制度等在内的比较完善的社会保障体系。2010 年，民族自治地方享受城乡最低生活保障人数达到 1907.4 万人。

我国拥有 56 个民族，55 个少数民族，作为多民族国家，民族区域自治制度的推行，消除了历史上遗留下来的民族隔阂，在各民族间建立起真挚的相互信任和互相合作的新型民族关系，从根本上改变了旧中国某些民族地区存在的不同程度的割据状态，实现了国家的统一，巩固了祖国的边防。新中国成立后，各少数民族团结互助，成为国家和社会的主人，真正掌握了自己的命运，实现了各民族人民在振兴中华民族的总目标下的空前大团结。江泽民同志在庆祝建党 80 周年大会上的讲话中指出："我们彻底结束了旧中国一盘散沙的局面，实现了国家的高度统一和各民族的空前团结。我们废除了西方列强强加的不平等条约和帝国主义在中国的一切特权。封建式的割据局面在中国大地上也一去不复返了。56 个民族同呼吸、共命运、心连心，形成了平等、团结、互助的社会主义民族关系。"民族区域自治制度的实施，符合全中国各民族的根本利益，使所有中华儿女团结互助，开拓进取，使各族人民的爱国主义精神与热爱本民族的情感结合起来。今天所有少数民族地区的新面貌表明，民族区域自治制度的实行，有力地增强了中华民族的凝聚力，为中华民族的振兴创造了必要的前提条件。

七、新形势下继续坚持和完善民族区域自治制度

实行民族区域自治，切实保障了少数民族和民族地区各族人民充分行使当家做主的各项权利，充分体现了社会主义制度优越性，极大地凝聚了民心，顺应了民意，反映了民情，从制度上彻底粉碎了国内外分裂主义势力搞分裂，破坏民族团结和祖国统一的野心。同时，也为各族人民维护祖国统一和民族团结、维护人民根本利益，提供了可靠的思想和制度武器。毋庸置疑，在新世纪新阶段，我国各族人民应该继续坚持中国共产党的领导，充分借鉴我国实行民族区域自治制度以来历史带给我们的启示，正视实施过程中客观存在的不足，以史为鉴，勇于面对新形势下日益严

峻的挑战，化不利因素为有利条件，尽最大可能充分利用前所未有的机遇，继续坚持和完善我国的社会主义民族区域自治制度。

（一）我国实行民族区域自治制度的启示

1949 年 9 月召开的中国人民政治协商会议，明确把民族区域自治制度确定为我国一项基本国策。民族区域自治制度实行 60 多年来，得到全国各族人民的衷心拥护，显示出巨大的优越性和强大的生命力，在国际上独树一帜，被认为是世界上解决民族问题的“中国经验”。民族区域自治制度作为解决我国民族问题的基本政策和基本政治制度，在我国改革开放和构建社会主义和谐社会的伟大进程中，是一个与时俱进、推陈出新、不断发展和完善的历史过程，中国民族区域自治制度的成功实践给予了我们重大启示。

第一，实行民族区域自治制度，必须正确认识和处理统一与自治的关系。统一与自治的有机结合反映了我国民族区域自治制度的本质特点。首先，统一是自治的前提和基础。没有国家的集中统一，就谈不上民族区域自治，脱离国家集中统一的自治，势必会造成民族的分裂。民族自治地方与国家的关系是部分与整体的关系，国家代表各民族的整体利益和根本利益，各民族自治地方有维护国家统一和领土完整的义务。民族自治地方的自治机关是国家地方机关，依照《宪法》和《民族区域自治法》规定的原则，必须保证《宪法》、法律和国家总的方针、政策、规划在本地方的遵守和执行，积极完成中央和上级国家机关下达的各项任务，实现国家的集中统一。其次，民族自治地方又是少数民族在其聚居区实行区域自治的地方，它不同于一般地方。自治机关除了行使一级国家地方政权的权限以外，还可以根据自治地方的实际情况，自主管理本地方的经济文化事业和本民族内部事务。但是民族自治地方在行使自主权时必须坚持国家利益高于一切的原则，大力弘扬以爱国主义为核心的民族精神，进一步巩固和发展平等、团结、互助、和谐的社会主义民族关系。在处理统一和自治的关系时，必须始终反对一切形式的大汉族主义和地方民族主义，最大限度地相信和依靠各族干部群众，最大限度地打击境内外敌对势力的渗透、破坏和分裂活动，切实维护民族团结、社会稳定和国家统一。只有正确认识和处理统一与自治的关系，民族区域自治制度才能发挥有效作用，民族团结进步事业才能顺利向前发展。片面强调集中和片面强调自治，都不利于中国特色社会主义建设事业。

第二，实行民族区域自治制度，必须加快发展民族自治地方的经济文化事业。发展少数民族地区的经济文化事业是解决我国民族问题的基础。1982 年颁布的《宪法》不仅完全恢复了 1954 年《宪法》关于民族区域自治的内容和条款，而且在总结三十多年实行民族区域自治正反两方面经验的基础上，根据社会主义建设新时期的特点，突出规定了国家要帮助少数民族加速发展经济文化事业，大量培养少数民族干部、各种专业人才和技术工人。当前坚持和完善民族区域自治制度最重要的任务，就是促进民族地区经济又好又快发展，改善各族人民的物质文化生活。由于客观因素和历史原因的影响，少数民族地区经济文化落后，生产力水平低，如果不建立起高度发展的社会主义经济基础，就不能从根本上实现各民族事实上的平等和民族区域自治制度的巩固。发展是第一要务，是解决民族地区一切困难和问题的关键，也是检验民族区域自治制度实施成效的主要标准。要紧紧围绕构建社会主义和谐社会的目标，深入贯彻落实科学发展观，千方百计加快少数民族和民族地区发展，着力解决各族群众最关心、最直接、最现实的利益问题，切实保障和改善民生，让改革发展的成果更好地惠及各族群众。

第三，实行民族区域自治制度，必须加强民主法制建设。当前我国已初步建立了中国特色的民族区域自治法规体系。1982 年颁布的《宪法》给民族自治地方的自治机关增加了自主发展经济和文化事业两项自治权，更加强调上级国家机关帮助民族自治地方加速发展经济和文化、大量培养少数民族干部和各种专业人才的责任和义务。1984 年《民族区域自治法》的颁布标志着我国的民族区域自治制度已逐步发展成一个比较完善的体系，标志着我国民族区域自治走上规范化、法制化的轨道。此后，民族自治地方加紧自治条例和单行条例的制定工作。2001 年，全国人民代表大会常务委员会对《民族区域自治法》进行修改。2005 年，国务院发布《国务院实施〈中华人民共和国民族区域自治法〉若干规定》，明确规定上级人民政府支持和帮助民族自治地方的职责。60多年的实践表明，将民族区域自治工作纳入法制化轨道，有助于民族区域自治的规范化，增强了民族区域自治制度的权威性，推进了民族区域自治的贯彻实施。今后，还要不断加强民族工作体制和机制创新，探索和健全民族区域自治制度的具体实现形式，进一步完善《民族区域自治法》的配套法律法规，使民族区域自治制度迸发出更加旺盛的生命力。

第四，实行民族区域自治制度，必须大力培养和使用少数民族干部。民族干部是党和国家联系少数民族群众的桥梁和纽带，少数民族干部队伍建设是民族区域自治制度得以顺利实施的保证。目前，我国已有大批德才兼备的少数民族干部走上了中央和地方各级党政机关的领导岗位。在新的形势下，要深入研究培养民族干部工作中出现的新情况、新问题，提出新形势下民族干部工作的规划和措施；采取有力措施，加快提高少数民族干部队伍的思想政治素质和工作能力，改善干部队伍的结构，努力培养更多适应民族地区建设需要的科技人才和经济管理人才；坚持干部队伍革命化、年轻化、专业化方针和德才兼备的原则，积极选拔优秀中青年少数民族干部进入各级领导班子，尤其要重视高、中级领导干部的培养和选拔。要把选拔少数民族干部和各类人才工作摆在突出位置，采取更加有力的措施，努力建设一支政治上跟党走、群众中有威望、工作上有实绩的高素质少数民族干部和人才队伍。

第五，实行民族区域自治制度，必须正确分析我国民族问题的主要矛盾。社会主义改造完成以后，我国各民族之间形成了平等、团结、互助、和谐的新型社会主义民族关系。但只要有民族差别存在，就有可能产生民族矛盾，只不过是这些矛盾大量表现为人民内部矛盾。实行民族区域自治，必须正确分析和处理两类不同性质的矛盾。对分裂主义分子的分裂犯罪活动等属于敌我矛盾范畴的活动，要旗帜鲜明地反对和坚决打击；而对大量的属于人民内部矛盾范畴的民族纠纷和摩擦事件，则应主要采取说服教育的办法进行引导和疏导而妥善处理。只有认真区分和对待两类性质不同的矛盾，并妥善处理大量的人民内部矛盾，我国的民族团结才能日益加强，民族区域自治制度才能不断巩固和发展。

第六，实行民族区域自治制度，必须坚持中国共产党的领导。中国共产党是发展社会主义民主政治的领导核心，坚持和完善民族区域自治制度是发展社会主义民主政治的重要内容。党的领导能够从根本上保证少数民族人民当家做主、自主管理本地方本民族内部事务。只有始终坚持加强和改善党的领导，民族区域自治制度才能够更好地发挥优势，始终保持旺盛的生机和活力，进而为各少数民族人民的民主权利和合法权益提供制度保障。我国以民族区域自治的形式解决国内民族问题的设想，是中国共产党经过长期探索提出的。新中国成立后，党又带领全国各族人民，将民族区域自治的设想变为现实。可以说，没有中国共产党，就没有中国的民族区域自治；没有中国共产党的正确领导，就没有民族区域自治制度的顺利实施。坚持党的领导，是实行民族区域自治制度最可靠的政治保障。

（二）新世纪国际国内环境对坚持和完善民族区域自治制度的影响

实施民族区域自治制度六十多年来的实践充分说明这项制度是十分成功的。然而，任何事物都是在不断地变化和发展中。因此，在新世纪新阶段，我们要根据新情况、新环境不断完善民族区域自治制度，这就需要我们理性分析国际国内环境对坚持和完善民族区域自治制度的影响。

就国际环境而言，世界格局多极化在曲折中发展；和平与发展成为当今时代的主题；霸权主义和强权政治又有新的发展；经济全球化趋势进一步加深等，都会给我国民族区域自治制度带来发展契机与挑战。

第一，世界格局多极化在曲折中发展。

苏联解体、冷战结束后，世界格局由两极格局向多极格局过渡，世界多极化是不可逆转的历史潮流。正视世界的多样性，才能顺应世界的多极化趋势，才能使各国之间求同存异、和平共处、平等相待、相互尊重、相互交流、取长补短，才能维护世界和平，促进共同发展。中国改革开放三十多年之所以经济持续快速健康发展，最根本的就是正确处理了改革发展和稳定的关系，维护了稳定的政治局面。广大民族地区的稳定直接关系到整个国家的长治久安。民族区域自治制度的顺利实施，为民族地区的社会稳定和民族团结创造了条件，更为全面建设小康社会奠定了良好的基础，进而为中国在多极格局中处于有利地位、增强国际影响力创造了条件。

第二，和平和发展成为当今时代的两大主题。

1985 年 3 月 4 日，邓小平在会见日本商工会议所访华团时指出："现在世界上真正大的问题，带全球性的战略问题，一个是和平问题，一个是经济问题或者说是发展问题，和平问题是东西问题，发展问题是南北问题，概括起来是东西南北四个字。南北问题是核心问题。"邓小平的论断深刻揭示了时代主题的转变，高屋建瓴地指出时代主题已经由"战争与革命"转向"和平与发展"。进入 21 世纪后世界仍然继续向和平、发展、合作方面发展。党的十八大报告对我国当前所处的国内外形势作出了精准判断，再次传递出令世人振奋的信息，重申“和平发展仍然是时代主题”“中国将继续高举和平、发展、合作、共赢的旗帜，坚定不移致力于维护世界和平、促进共同发展。”“和平发展是中国特色社会主义的必然选择。我们要准确判断重要战略机遇期的内涵和条件的变化，全面把握机遇，沉着应对挑战，赢得主动，赢得优势，赢得未来。”这些论述鲜明回答了中国在国际上走什么道路的问题，阐明了中国选择走和平发展道路的根本原因和方向，既坚持了中国外交方针的一贯原则，又根据时代发展的要求申明了中国对当今世界一些重大问题的基本态度，更是对形形色色的“中国威胁论”的响亮回答。坚持走和平发展道路是基于对时代主题的科学判断，是我国外交方针的一贯原则。当今世界尽管存在着综合国力的激烈竞争，全球经济失衡的深刻矛盾，单极和多极的激烈较量，形形色色的局部战争，以及恐怖主义、环境污染等各种各样的传统安全威胁和非传统安全威胁，但是，从大局、主流、根本趋势看，和平与发展仍然是时代主题，求和平、谋发展、促合作已经成为不可阻挡的时代潮流。在这样的国际背景下，少数民族地区的发展面临着前所未有的机遇和挑战。少数民族地区应按照《宪法》和《民族区域自治法》的相关法律规定，把握时代契机，发挥民族区域自治的优势，积极寻找加快少数民族地区经济发展的突破口，并且提出相应的发展对策。

第三，霸权主义和强权政治有新的发展。

当今世界，霸权主义、强权政治依然存在，有时表现还非常突出。霸权主义、强权政治在本质上与国家间战争有相似之处，即都把本国的利益凌驾于其他国家的利益之上，凭借经济军事实力，对其他国家进行控制、干涉和侵略，造成世界动荡不安，威胁世界和平与稳定。霸权主义和强权政治的第一个表现是强迫别国接受和照搬自己的社会制度和意识形态。第二个表现是利用“民主”、“人权”甚至“价值观”等问题，任意干涉别国内政，干涉的借口五花八门，形式多种多样。第三个表现是凭借经济实力和军事实力，到处侵略。它们置联合国安理会于不顾，违背国家主权和领土完整不受侵犯的神圣原则，公然践踏国际关系的普遍原则，其目的是要用武力手段建立一个符合他们自己利益的国际新秩序，确立其主宰世界的地位。近年来，霸权主义、强权政治有新的表现，炮制了“新干涉主义”在内的种种

“理论”，先后发动了一系列侵犯别国主权、干涉别国内政的重大事件。以美国为首的西方发达国家在人权问题、台湾问题、西藏问题、军售问题上对中国进行攻击，施加压力，推行霸权主义和强权政治，而利用民族、宗教问题打开缺口，是西方发达国家干涉中国内政，实现称霸世界野心的一贯伎俩。为了粉碎“西化”、“分化”的图谋，避免以民族、宗教问题打开缺口，中国应更加重视民族问题，重视民族区域自治制度的完善和发展。为此，胡锦涛总书记在十八大报告中指出：“中国主张和平解决国际争端和热点问题，反对动辄诉诸武力或以武力相威胁，反对颠覆别国合法政权，反对一切形式的恐怖主义。中国反对各种形式的霸权主义和强权政治，永远不称霸，永远不搞扩张。中国将坚持把中国人民利益同各国人民共同利益结合起来，以更加积极的姿态参与国际事务，发挥负责任大国作用，共同应对全球性挑战。”

第四，经济全球化趋势不断加深。

新世纪初，中国成功地加入世贸组织，中国拥有更多参与国际竞争和合作的机会的同时也面临着更大的挑战。我们应该看到，经济全球化的趋势不可逆转，是经济发展的必然趋势，经济全球化也是一柄双刃剑。在经济全球化的浪潮中，我国民族区域自治制度受到的影响也是不容忽视的。

首先，经济全球化为民族区域自治制度的完善和发展带来机遇，为民族自治地方加快发展提供了可能。经济全球化保持并加强了民族地区和外部地区的联系。经济全球化背景下，资金、技术、资本等生产要素可以跨越国界在全球范围内自由流动，我国民族地区也不例外。我国广大民族地区具有丰富的资源条件、劳动力和广阔的市场前景，在全球化的浪潮中可以更好地吸引外资和利用国外的先进技术。另外，我国对民族地区实施的如西部大开发等一系列重要决策以及加入世贸组织后将逐步降低关税、对外商投资企业逐步实行国民待遇等承诺，将加快我国融入经济全球化的进程，为包括民族自治地方在内的中西部地区提供更大的开放空间，为民族地区加快发展提供前所未有的契机。

其次，经济全球化将促进民族自治地方加快经济体制和政治体制改革的步伐，推动现代化建设的加速进行。目前，我国民族地区因为主客观因素，经济体制和政治体制改革的步伐明显滞后。民族地区经济体制僵化、产业比例失调、结构不合理等弊端无法适应经济全球化带来的严峻挑战；政治体制上的低效、臃肿和官僚主义等弊端也同样不适应经济全球化的快步伐。民族地区要适应社会主义市场经济开放性、竞争性等特征，要有效化解经济全球化带来的挑战，需要加快经济体制和政治体制改革的步伐，逐步缩小东西部地区差异，统筹区域经济协调发展。

在充分认识经济全球化给民族区域自治制度带来机遇的同时，也必须正视它带来的巨大压力和挑战。其一，由于基础落后，差距过大，民族自治地方在经济全球化浪潮中与东部地区的差距将进一步扩大，由此带来的两极分化是全球化带给中国和世界的最大挑战。目前，改革开放以来因自然因素和发展实际的差距过大的局面仍未根本改变，市场经济体制固有的竞争机制可能将长期落后的民族地区继续排挤出列，甚至“边缘化”。其二，全球化过程中的市场原则将减弱民族区域自治的政策优势。根据《宪法》《民族区域自治法》和各有关政策，民族自治地方享有广泛的政策优惠，但全球化带来的全面竞争压力和市场原则对有些政策的实施形成障碍。不但如此，经济全球化带来的政治全球化现象还将加剧这种趋势。政治全球化现象会直接影响到传统国家职能的行使，也直接影响到我国的民族区域自治。比如，世界贸易组织规则要求国内贸易政策、关税政策以及与此相关立法上的统一和趋同，而根据这些规则和要求，我们的民族区域自治地方在制定贸易政策和法规方面的特殊性，中央对于民族自治地方有关优惠政策的实施，都将会受到影响。

经济全球化是当今世界发展的客观趋势，中国的现代化建设必须在经济全球化这一大的背景中进行，因此，我国的民族区域自治所面临的机遇和挑战必将客观存在，不依我们的意志为转移。但总的来说，机遇大于挑战，有利条件多于不利因素。同时，实践已经不断证明，民族区域自治制度是维护社会稳定和民族团结的有效政策，它的作用的充分发挥能够保障经济全球化在稳定的社会环境中顺利推行。因此，要在全球化的背景下，坚持和完善民族区域自治制度，把握优势，应对挑战。

就国内环境而言，我国改革发展进入攻坚阶段，民族区域自治制度化、法制化进程加快，西部大开发战略加快实施以及全面建设小康社会的任务的提出等因素的综合影响，都将对我国不断坚持与完善民族区域自治制度增添新的活力。

第一，改革步入攻坚阶段，发展进入关键时期。

目前，我国正处于“十二五”时期。“十二五”时期是全面建设小康社会的关键时期，是深化改革开放、加快转变经济发展方式的攻坚时期，必须深刻认识并准确把握国内外形势新变化新特点，继续抓住和用好重要战略机遇期，努力开创科学发展新局面。2013 年 11 月召开的十八届三中全会高度评价党的十一届三中全会召开 35 年来改革开放的成功实践和伟大成就，研究了全面深化改革若干重大问题，认为改革开放是党在新的时代条件下带领全国各族人民进行的新的伟大革命，是当代中国最鲜明的特色，是决定当代中国命运的关键抉择，是党和人民事业大踏步赶上时代的重要法宝。面对新形势新任务，全面建成小康社会，进而建成富强民主文明和谐的社会主义现代化国家、实现中华民族伟大复兴的中国梦，必须在新的历史起点上全面深化改革。那么，下一步中国改革应该从何处入手呢？全会指出，全面深化改革的总目标是完善和发展中国特色社会主义制度，推进国家治理体系和治理能力现代化。民族区域自治制度作为我国一项基本政治制度，在新的发展阶段能否得到继续坚持和不断完善，直接关系到改革总目标能否顺利实现。民族区域自治制度会受到市场经济体制带来的多方面的影响。一方面市场经济体制的开放性、资源配置市场化等特点会促进民族自治地方发挥资源和政策优势，有效利用生产要素，实现资源最合理配置，从而促进民族自治地方经济的发展；但另一方面由于市场的统一开放，经济主体的竞争激烈，又使民族自治地方的经济发展面临更为严峻的挑战。因此，只有坚持并完善民族区域自治制度，充分发挥社会主义制度的优越性，才能更好地为完善社会主义市场经济体制服务，为改革进一步向纵深方面发展奠定基础。

第二，民族区域自治制度已成为我国的一项基本政治制度。

随着民族区域自治制度的发展，我们党和国家对民族区域自治制度的定位也是有变化的。从最初只是党的一项民族政策，到 2001 年 2 月在《中华人民共和国民族区域自治法》（修正案）中把民族区域自治制度确定为“国家的一项基本政治制度”，用法律的形式明确规定了民族区域自治制度在国家政治制度中的重要地位。这充分说明了中国共产党始终把民族区域自治制度作为解决民族问题的基本政策。把民族区域自治制度定位为国家的一项基本政治制度，体现了我国坚持实行各民族平等、团结、合作和共同繁荣的原则，体现了民族因素与区域因素、政治因素与经济因素、历史因素与现实因素的统一。

第三，中国正在实施一项史无前例的宏大工程——西部大开发。

2000年在我国全面启动西部大开发战略，2010年西部大开发10周年之际，胡锦涛主席强调，中央将把深入实施西部大开发战略作为具有全局意义的重大方针，作为“十二五”时期经济社会发展的重大任务，进一步完善扶持政策，进一步加大资金投入，进一步体现项目倾斜，以更大的决心、更强的力度、更有效的举措，推动西部地区经济社会又好又快发展，为我国发展开拓新的广阔空间。

我国西部地区的发展直接关系到全面建设小康社会和基本实现现代化总体目标的实现。没有西部地区的小康就没有全国的小康。西部地区国土面积占全国的 71.4%，人口占全国的 28.6%。只有深入实施西部大开发战略，加快补齐西部这块国民经济的“短板”，让西部地区各族群众共同参与发展进程、共享发展成果，才能确保实现全面建设小康社会奋斗目标，最终实现全体人民的共同富裕。没有西部地区的现代化就没有全国的现代化。逐步缩小地区发展差距，是关系我国现代化建设的重大问题。我们既要保持东部地区强劲发展势头，促进中部地区崛起，也要抓紧促进相对落后的西部地区实现现代化，否则中国的现代化必然是不完整的，也必然会缺少持续的动力。只有深入实施西部大开发战略，充分发挥西部地区战略资源丰富、市场潜力巨大的优势，才能从根本上解决我国发展不平衡、不协调、不可持续问题，为全面实现现代化提供更大空间、创造更好环境、注入更多活力和动力。没有西部地区的稳定就没有全国的稳定。西部地区是国家安全的重要方向，直接影响着国家安全和发展战略纵深。西部地区是我国少数民族集中分布的地区，深入实施西部大开发战略，推进少数民族和民族地区跨越式发展，巩固和发展平等团结互助和谐的社会主义民族关系，有利于巩固民族团结、边疆安全的好局面，更好地维护国家主权、安全、发展利益，更好地维护祖国统一、边疆稳定、国家长治久安。

第四，提出了全面建设小康社会的奋斗目标。

经过全党全国各族人民的积极探索和艰苦努力，我们在改革开放中推进现代化建设，在告别20世纪之际进入了小康社会。党的十六大作为进入新世纪新阶段的第一次党的全国代表大会，着眼于更加长远的发展前景，提出了全面建设小康社会的奋斗目标，并做出具体的战略部署，形成了比较系统地关于全面建设小康社会的思想。党的十八大提出了根据我国经济社会发展实际，要在十六大、十七大确立的全面建设小康社会目标的基础上努力实现新的要求，并且指出，如期全面建成小康社会任务十分艰巨，国家要加大对农村和中西部地区扶持力度，支持这些地区加快改革开放、增强发展能力、改善人民生活。之所以强调要加大对中西部地区扶持力度，是因为我国少数民族地区大多分布于中西部地区。而少数民族和民族地区的经济社会发展，是中国特色社会主义事业的有机组成部分，民族地区的小康水平的实现程度，直接关系到全面建设小康社会奋斗目标能否如期实现，关系到我国社会主义现代化建设的整体进程。因此，必须紧紧抓住本世纪头20年全面建设小康社会这一重要战略机遇期，加快民族地区的经济文化发展，增强我国社会主义现代化建设的物质基础，推进全面建设小康社会的宏伟目标的实现。新世纪新阶段的民族工作，必须始终不渝地把各民族共同团结奋斗、共同繁荣发展作为主题。共同团结奋斗，就是要把各族人民的智慧和力量凝聚到全面建设小康社会上来，凝聚到建设中国特色社会主义上来，凝聚到实现中华民族伟大复兴上来。

（三）新时期党的民族区域自治制度发展面临的主要问题

新时期党的民族区域自治制度发展面临的主要问题体现在民族区域自治法制建设过程中和民族区域自治制度实施过程中两个方面。

第一方面，民族区域自治法制建设中存在的

主要问题。

目前，我国已初步形成以宪法为基础，以自治法为主干，包括各项法律法规以及地方性法规、自治条例和有关规范性文件在内的社会主义民族法律体系，它有力地维护了国家的统一和社会的稳定，促进了民族关系的发展。尤其是2001年2月28日根据实际情况的发展变化对《民族区域自治法》进行修订之后，我国民族法律法规建设取得了显著的进步，但同时也存在一些缺陷，主要表现在以下几个方面：

一是民族区域自治权缺位。《宪法》规定“各少数民族聚居的地方实行区域自治，设立自治机关，行使自治权。各民族自治地方都是中华人民共和国不可分立的部分。”我国民族区域自治既不是单纯民族自治，也不是单纯地方自治，而是民族自治与地方自治结合，在这种框架下，同一实行区域自治民族，成员如不生活在实行自治区域内，就不能享有聚居区内同一民族所享有的自治权。对所有少数民族而言或对少数民族成员而言，涵盖面有限而不全面。

二是民族区域自治法的内外环境已发生较大变化。老百姓普遍关注、迫切需要的法规没有纳入议事日程，如社会保障和就业再就业，以及食品药品安全等。

三是民族地方立法效率不够高。《民族区域自治法》第 116 条规定，民族自治地方的人民代表大会有权依照当地民族的政治、经济和文化的特点，制定自治条例和单行条例。《立法法》第 66 条也规定，民族自治地方的人民代表大会有权依照当地民族的政治、经济和文化的特点，制定自治条例和单行条例。《民族区域自治法》修改以来，州自治条例均制定于 1985 至 1991 年，几乎没修改过；自治县自治条例均制定于 1986 至 1996 年，几乎也未曾修改。法规制定落后于时代要求，影响自治条例的严肃性和权威性，立法自治权形同虚设。

四是重地方性法规而轻单行条例。在立法实践中，如何协调单行条例与地方性法规之间关系，发挥各自优势，在自治区经济社会发展和法制建设中各得其所，是值得探索的理论问题和现实的立法技术问题。自治区人大及其常委会对这两种立法形式都应给予充分重视。

五是民族立法质量不高且执行难。立法技术不高表现在语言文字不规范，内部结构不严谨，为追求形式完善和内容齐全，民族地方自治法规条文过多照抄照搬国家与自治区法律、法规与规章及政策性条文和规定，政策性与原则性条款多，针对性不强，可操作性差。法律规范不完备表现在民族地方法规立法权限不统一，变通补充授权性规定杂乱。《民族区域自治法》没有设立违法的法律责任，使立法权威性和强制性大打折扣，并导致执行难。

六是自治法规数量少且内容不全，较单一。各级自治条例和单行条例几乎都集中在婚姻与家庭，继承，计划生育，选举，土地与森林等方面，缺乏自治地方全面发展的分类配套法规。发展民族地区经济和少数民族传统文化保护以及少数民族生态环境保护的内容都很薄弱。

第二方面，党的民族区域自治制度实施中存在的主要问题。

新中国成立六十多年来，中国共产党推行民族区域自治的经验证明，在统一的祖国大家庭中实行民族区域自治有着巨大的优越性。中国共产党民族区域自治制度在政治、经济、文化等方面取得了巨大的成就和历史性的进步。但是在新的历史时期，它的优越性尚未完全发挥出来，在实施过程中仍然存在一些问题。主要表现在以下几个方面：

首先，民族区域自治地方应当享有的自治权力未能得到充分行使。自治权是民族区域自治的核心，没有自治权的充分行使就不可能有真正的民族区域自治。《宪法》和《民族区域自治法》对民族自治机关行使职权作了许多规定，但由于受历史和客观条件的制约，有些职权没有能够得到充分有效的发挥。

其一，自治机关与上级国家机关之间的关系还存在不协调的方面。按照我国《民族区域自治法》的规定，上级国家机关应帮助民族自治地方加速发展经济建设和文化事业。上级国家机关应考虑自治地方的实际情况，尊重自治机关的自治权。有关民族自治地方的决议、决定、命令和指示，应当适合民族自治地方的实际情况。上级国家机关在制订国民经济和社会发展计划的时候，应当照顾民族自治地方的特点和需要。即使法律有这样明确的规定，但是在执行过程中，一些上级国家机关对自治地方的自治权尊重不够，统得过死。一些上级国家机关的决定和指示，考虑自治地方实际情况较少，“一刀切”的问题在上级国家机关制定规范性文件中仍然存在。另外，由于多种原因，自治机关与上级国家机关之间在权力归属和责任承担方面，界限模糊，权利和义务的主体难以定位。诸如，在企业隶属、财政税收管理、外汇留成及土地、森林、草原、矿产、水流等自然资源的归属和使用等问题上就存在权力和责任界限不清的问题。

其二，民族自治地方与汉族地区在经济和社会发展等方面的差距进一步扩大，制约自治权的行使。西部大开发战略实施十多年来，西部地区的经济社会发展速度、规模效益都取得了高于全国平均水平的成就，但是这些地区的自我发展能力依然很低。尤其是 5 个自治区和少数民族聚居程度高的四川、云南、贵州、青海、甘肃 5 省，在经济竞争能力和可持续发展能力方面都处于全国平均水平之下，与东部发达地区的差距依然显著。西部地区经济社会发展水平的滞后性，既有历史和自然地理的因素，也有经济生产方式、社会文化传统和人力资源等方面的原因。区域经济发展的滞后性，也必然反映出人民生活水平的差距。2010 年，中部、西部和东北地区城镇居民家庭人均可支配收入与东部地区城镇居民家庭人均可支配收入之比分别为 65.4%、63.7%、65.0%。城镇居民家庭人均可支配收入前 10 位的省份中，有 8 个为东部省份，西部地区城镇居民家庭人均可支配收入水平总体较低，城镇居民家庭人均可支配收入后 10 位的省份中，有 7 个为西部省份。与城镇居民收入相比，各地区农村居民收入差距较大，中部、西部、东北地区农村居民人均纯收入分别是东部地区的 54.9%、44.9%、64.6%。农村居民人均纯收入前十位的省份全部集中在东部和东北地区，低于 5000 元的有 10 个省份，除山西外，全部集中在西部地区。经济社会发展的滞后性，也必然反映在这些地区的其他社会事业之中。例如，从第十一届全国运动会奖牌榜的排名中，可以看到这样的序列：四川省居第 12 位，广西壮族自治区第 21 位，内蒙古自治区第 22 位，贵州省第 23 位，云南省第 24 位，新疆维吾尔自治区第 29 位，甘肃省第 30 位，宁夏回族自治区第 31 位，青海第 32 位，西藏自治区第 33 位。可见，西部地区经济社会发展的各项指标要达到全国平均水平绝非易事。

其三，少数民族干部队伍的整体素质不高，影响了自治权的有效行使。自治权的有效行使，必须要有一支优秀的少数民族干部队伍。自新中国成立以来，党和政府采取了各种措施培养少数民族干部，取得了一定的成绩，使少数民族干部队伍迅速地成长起来，成为民族地区政治、经济、社会发展的骨干力量。民族地区干部建设工作虽然取得很大成绩，但由于历史和客观上的原因，目前少数民族干部队伍整体素质不高，相对于以经济建设为中心的社会主义现代化，以及各民族共同发展和繁荣的任务，还存在着许多不适应的方面，这就严重影响了自治权的有效行使。第一，少数民族干部整体上文化素质偏低，高层次领导干部后继乏人，还有相当一部分文化程度在初中以下。第二，部分少数民族干部市场经济观念不强，知识结构单一，业务素质很低。尤其是经济管理和科学技术方面的业务素质较低，即使有些干部文化知识、学历较高但又缺少实际工作经验。第三，少数民族干部的技术职务结构不合理。具有专业技术职务的干部偏少，中高级的少，初级的多。第四，少数民族干部大多数在党政群机关从事行政工作，真正懂经济，会管理的干部不多，从而决定了各民族地区对外来干部的依赖性，这与区域经济发展和改革开放的要求是很不相适的，在一定程度上制约了经济的发展，影响了自治权的有效行使。综上所述，民族地区干部在结构上有个共同特点——“三多三少”，即政治型干部多，经济型干部少；行政干部多，经济管理干部少；农业干部多，工商经贸干部少。专业技术门类不全，有专业技术职务的干部主要集中在农牧业，中小学校以及医疗卫生系统，而与经济发展密切相关的科学技术研究、工业、财经商贸、金融管理、企业管理、工程技术等方面的专业技术人才很少。第五，自治机关在政治体制改革中怎样行使好自治权，怎样进行自身的健全完善问题仍然突出。改革开放以来，民族自治机关在干部人事制度改革、扩大地方自主权益、完善人民代表大会制度、精简机构、转变政府职能、加强廉政建设以及完善监督机制等各方面，取得了一定成就。但由于历史经济文化等原因，自治地方的政治体制改革同内地发达省区相比较仍有相当大的差距。健全与完善民族自治地区政治体制的任务依然相当繁重。

其次，民族自治地方的干部群众自治意识淡薄，仍需加强民族区域自治的宣传教育工作。

为提高民族地区干部群众的法律意识和自治

意识，党和国家在民族地区开展了以《宪法》为核心的法制宣传教育活动，取得了明显效果，民族地方广大干部群众的法律意识和自治观念有了较大增强。但按照依法治国的总体要求，民族自治地方干部和群众的法律知识，自治意识在总量、结构和获取方式上明显落后于汉族地区，还缺乏应有的法制观念和完善的自治意识，往往把自治的内涵与外延局限于自治地方的建立和自治机关的相对民族化组成的方面，认识上没有在深层次上把民族区域自治制度作为振兴少数民族经济的制度保障，立法、执法、用法的能力不强，不能充分用好宪法已经赋予的职权，制定出符合民族自治地方实际的法规、条例等。

再次，国家对民族地区的照顾和优惠，让一些自治地方的干部群众养成了“等、靠、要”的习惯。

长期以来，我们国家先后投入了大量的财力、物力、人力、智力等，真心实意地帮助少数民族及其地区改变贫穷落后的面貌，改善和提高少数民族的生活水平，这些措施在实践上是成功的，并且取得了显著的成效，受到了少数民族的拥护和欢迎。但是，由于长期实行照顾和优惠少数民族的政策和措施，在实践中也产生了一些副作用和不良倾向，主要表现在一些少数民族干部和群众中滋长了依赖思想，养成了“等、靠、要”的习惯，坐等补助或救济。由于国家长期的照顾和优惠政策产生的惯性，加上认识上的误区，造成了部分民族地区的干部和群众没有充分发挥本民族、本地区的优势，缺乏艰苦奋斗精神，缺乏加强本民族本地区的“造血机能”的培养，即使在上级国家机关和友邻民族、友邻地区的大力支援和帮助下，仍然没有把本民族、本地区的各项事业搞上去，没有从根本上改变贫穷、落后的面貌，改善和提高少数民族人民群众的生活质量，相反部分民族地区干部，到处拉关系、找门子，千方百计地争戴“贫困”帽子不放，为的是继续获得国家财政补助和其他的优惠。

在一些落后地区，包括一些民族自治地方和其他民族地区，不是致力于发展本地区的经济和其他各项事业，而是争当“贫困户”，乐于戴着“贫困”的帽子不放，这种现象是极不正常的。这种观念和习惯不彻底改变，民族自治地方和其他民族地区的贫穷、落后的面貌就难以改变，社会主义现代化的目标就不能实现，甚至与汉族地区在发展水平上的差距只能拉大而不是缩小。所有这一切，最终都将影响民族区域自治制度的实施，妨碍这一基本政治制度的完善和发展。

（四）新时期继续坚持和完善民族区域自治制度

在我国实行民族区域自治，是国家尊重和保障人权的重要体现。少数民族自主管理本民族的内部事务，真正实现当家做主，是民族区域自治最重要的特征，是国家尊重和保障少数民族合法权益的集中体现。我国不仅从制度、宪法、法律等各个方面对少数民族的各项平等权利做出专门规定，而且国家在各少数民族聚居的地方设立自治地方，通过自治机关的贯彻执行，使这些权利得到较好的保障和落实。民族区域自治已经成为社会主义民主的一种重要实现形式，是国家民主政治发展的重要标志。新时期，必须毫不动摇地继续坚持和完善党的民族区域自治制度，为此，必须做到以下几点：

第一，确实保障民族区域自治地方的自治权。

民族区域自治机关自治权的完善和充分行使问题，是完善和发展中国共产党民族区域自治制度的核心问题。民族区域自治制度实行得好不好，一方面要看民族自治地方有没有自治权，另一方面要看民族自治地方能不能够用好用活自治权。充分有效行使自治权，既要发挥自治地方的积极性，敢于用好自治权，又必须有上级国家机关的支持和帮助，还需要通过经济发展、社会进步、人们素质的提高，给自治权的充分有效行使创造良好的社会条件。如何保障自治权的有效行使呢？首先，要充分认识并确立自治权的权威。自治权是宪法赋予民族自治地方自治机关自主地管理本地方事务与本民族内部事务的权利。《民族区域自治法》是我国实施民族区域自治制度的基本法律，其核心内容是对民族自治地方自治机关的自治权的规定。在我国的法律体系中，《民族区域自治法》的法律地位和法制效力低于《宪法》，高于行政法规和地方性法规，更高于部门规章和政府规章。各级国家机关必须深刻地认识自治权及其权威性，切实依照《宪法》和《民族区域自治法》的规定，充分尊重、维护和支持自治机关行使自治权。其次，应正确处理中央和民族自治地方的关系，使二者的利益分配合理化。根据《宪法》和《民族区域自治法》的规定，中央国家机关对民族自治地方负有领导监督和宏观调控的使命，在行使职权时，对属于中央国家机关的职权，民族自治地方必须坚决维护，对于民族自治地方的自治权限，中央国家机关也应采取有力措施予以保障，从而调动中央和民族自治地方两方面的积极性，在维护国家统一的前提下，保证民族自治地方自治权的充分、切实行使。《宪法》和《民族区域自治法》以及其他法律虽然赋予民族自治地方的自治机关许多自治权，但如果上级国家机关不提供保障，不大力支持，这些自治权就难以实现。如民族自治地方有制定自治条例和单行条例的自治权，但是有批准权的上级国家机关不予批准，这些自治权就不能实现。因此，要切实保障自治权的行使，与上级国家机关正确有效地领导、支持和帮助是分不开的。

第二，加强和完善民族区域自治法制建设。

加强和完善民族区域自治法制建设，是坚持和完善民族区域自治制度的重要手段。目前，我国的民族区域自治法制体系已基本形成，民族区域自治法制建设目标是使民族区域自治的各个环节都做到“有法可依，有法必依，执法必严，违法必究”。

民族自治地方继续实施《民族区域自治法》，不仅要体现社会主义民主和社会主义民族关系的根本要求，而且要结合民族地区自身政治、经济和文化上的特点。这就要求加强民族立法，依法制定民族地区的自治条例和单行条例。自治条例和单行条例不得与宪法、自治法相抵触，而且要结合民族自治地方的政治、经济、文化的特点和实际，同时也充分体现出自治法赋予的自治权，保障民族地区经济社会的发展，保障少数民族人民群众各项权利得以实现。《立法法》和《民族区域自治法》规定了民族地方有变通执行权，自治条例和单行条例可以根据少数民族自身的特点，作出变通或者补充规定。

维护法制统一性原则。民族立法，必须以《宪法》和《民族区域自治法》《立法法》为依据，符合法制统一性的原则。各级立法机关必须依据《宪法》的精神和原则，以《宪法》为根本法，不得与《宪法》相抵触；还有民族法律体系中，不同位阶的法律不得相抵触，同一位阶的法律不得相矛盾，从而形成和谐一致的体系。现行的《民族区域自治法》和《立法法》都赋予了民族自治机关执行法律的变通权。民族立法，还必须处理好改革与立法的关系。1978 年实行改革开放以来，我国发生了翻天覆地的变化，国家加大了对西部的扶持力度，实施西部大开发战略，有力地促进了西部民族地区在政治、经济、文化等方面有了飞速的发展。现行《民族区域自治法》正好适应了改革开放和深化改革的要求。民族自治地方要抓住机遇依法行使好立法权，民族自治地方的立法和法制建设，只有适应改革开放的要求并结合民族地区自身特点，只有坚持依法治国方略，只有坚持民族立法和民族法制建设为改革开放服务的原则，才能使西部民族地区的均衡发展和少数民族人民同汉族人民共同团结奋斗、共同富裕的目标才能得以实现。

民族自治地方应坚持一切从实际出发的原则，加强民族立法，特别是经济立法，健全民族法制体系。当前最主要、最迫切的是制定五个自治区的自治条例。从完善民族区域自治制度出发，依照《宪法》的原则，经由中央与民族区域自治地方充分协商，经全国人大常委会讨论批准，尽早使五个自治区的自治条例出台。民族法制建设的关键是经济立法，在市场经济体制下国家针对民族自治地方在发展过程中出现的新情况和新问题，已对《民族区域自治法》进行了相应的修改，特别是经济领域所给予和制定的优惠政策和自主权。借助西部大开发的契机，以《宪法》和新修改的《民族区域自治法》为核心，紧紧围绕民族自治地方在发展中遇到的困难和问题，必须重新构建民族经济法律体系。

完善与《民族区域自治法》相配套的法律、法规，是建立完备的社会主义民族法体系及其监督机制的根本要求。我国社会主义民族法体系的基本构架已基本形成，这是我国民族法制建设的重要标志。现行的《民族区域自治法》是调整我国民族关系、贯彻实施民族区域自治和保障少数民族人民权益的一部基本法律，是一部宏观、抽象的法律。所以《民族区域自治法》的实施，需要与之相配套的具体规定和办法。从当前我国民族立法的状况来看，关于民族区域自治的有关政策和措施的贯彻落实还需要相关的法律法规与之相匹配、相协调，还需要制定一些相应的规章和地方性法规使之具体化。国务院有关部委根据

《民族区域自治法》的有关规定，结合本部门的工作实际，制定实施《民族区域自治法》的细则，即部门规章。另外，建立和健全实施《民族区域自治法》的监督机制，制定与《民族区域自治法》配套的监督法规，加强行政执法监督检查机制，完善行政执法程序，充分发挥权力机关、行政机关、司法机关和人民群众的监督职能，确保《民族区域自治法》的切实实施。

第三，大力培养少数民族干部，加强自治机关的建设。

加强自治机关的建设，是一个事关自治权的实现以及民族关系的重大问题。我国的法律法规对此作了明确的规定，自治机关的主要职位应该由实行区域自治的民族的公民担任，以保证少数民族自主管理本民族内部事务权利的实现。2001年新修改的《民族区域自治法》中第16条规定：民族自治地方的人民代表大会常务委员会中应当由实行区域自治的民族的公民担任主任或副主任。如果自治机关中没有实行区域自治的民族和其他少数民族的公民任职，或者实行区域自治的民族和其他少数民族的公民在自治机关中所占地位无足轻重，民族区域自治便是一句空话。加强民族自治机关的建设，大力培养和使用少数民族干部是关键。少数民族干部状况如何，决定着少数民族发展前途，是衡量少数民族发展水平的重要标志。另外，加强少数民族干部队伍建设应从以下几个方面考虑：其一，深入研究新形势下培养民族干部工作中出现的新情况、新问题，提出新形势下民族干部工作的规划和措施；其二，采取有力措施，加快提高少数民族干部队伍的思想政治素质和工作能力，改善干部队伍的结构，努力培养更多的适应民族地区建设需要的科技人才和经济管理人才；其三，要按照干部的“四化”标准和德才兼备的原则，积极选拔优秀中青年少数民族干部进入各级领导班子，尤其要重视高、中级领导干部的培养和选拔。发展和完善民族区域自治制度，必须从加速培养适应新时期需要的少数民族干部，尤其是从提高少数民族高级干部的力度入手。少数民族干部队伍建设，是一件管根本、管长远的大事，必须持之以恒地抓紧抓好，切实抓出成效。既要坚持扩大数量、改善结构、提高素质，又要注重大胆选拔、充分信任、放手使用。如果没有一大批高素质的少数民族干部，继续发展和完善民族区域自治制度就会成为一句空话。

第四，立足全面建设小康社会的奋斗目标，毫不动摇地把民族区域自治制度坚持好、完善好、落实好。

当人类社会跨入21世纪的时候，我国进入全面建设小康社会、加快推进社会主义现代化的新的发展阶段。这是一个承上启下、继往开来的重要发展阶段和关键阶段。全面建设小康社会是一项复杂的系统工程和艰巨的历史过程。在全面建设小康社会的过程中，我国各个地区都将根据本地区实际情况作出不同的战略抉择。与东部、中部、东北等其他地区相比，西部少数民族地区全面建设小康社会的任务更加艰巨、复杂，不仅肩负着加快发展，实现各民族共同繁荣的历史使命，而且还要处理好全面建设小康社会进程中民族、宗教等特殊的社会问题。民族地区全面建设小康社会的真正含义是“共同富裕”，未来的发展目标就是要进一步缩小发展差距，实现这一目标的基本宗旨就是“以人为本，富民为本，社会发展优先，投资于人民，消除人类贫困，缩小城乡差距，实现可持续发展”，这将成为影响中国整体全面建设小康社会发展进程最令人关注的重大事件之一。

那么，民族地区如何全面建设小康社会？民

族地区全面建设小康社会是一个长期的历史发展过程，应分阶段渐进式地推进，今后应逐步实现三个阶段性目标：第一阶段为社会发展优先阶段（2000—2010 年）。21 世纪的前十年是打好基础阶段，即应打好民族地区的人力资源开发基础、教育发展基础、科技发展基础、交通信息设施建设基础、生态环境改善基础与制度完善创新基础，为未来的经济起飞、人民生活富裕奠定良好的社会发展基础。第二阶段为加速经济起飞阶段（2010—2030 年）。即全面建设小康社会的中期阶段，大约需用 20 年时间，以使民族地区与汉族地区之间的经济发展差距明显缩小，逐步实现民族地区的经济起飞。第三阶段为促进全面发展阶段（2020—2050 年）。即全面建设小康社会的后期阶段，大约用 20 年的时间，达到全国平均水平和世界中等收入国家的水平，成为较高发展水平地区，使民族地区基本实现现代化。这一阶段，民族地区的收入贫困问题已全部解决，具有较高的人力资本存量，人口和教育文化程度、卫生健康指标等均大幅度提高，人民生存条件、生活质量也得到了根本改善。但是，由于民族地区内部差异性较大，因而各省区全面建设小康社会的路径类型、采取的具体政策也各不相同。

民族地区加快全面建设小康社会，不仅对于加快民族地区的现代化发展进程意义重大，而且对促进中国整体现代化发展也具有十分重大的现实意义。

第五，繁荣少数民族文化，大力发展教育。

当前，一个民族存在和发展的重要根基就是文化。有了强大的文化支撑，一个民族才能挺起自己的脊梁，迸发出强大的创造力。文化作为“软实力”，为经济建设和社会进步提供精神动力和智力支持。加强少数民族地区的文化建设，也是全面建设小康社会的一个重要方面。文化建设必须要以经济发展作保障，少数民族地区经济的提升和生活水平的改善，是民族地区的教育和文化发展的物质保障。只有经济发展了，才能满足少数民族精神文化的需求，这是提高民族地区的文化水平的动力。

发展少数民族文化的多样性。发展文化多样性需要民族区域自治制度发挥保护作用，主要体现在《民族区域自治法》明确将加强社会主义精神文明建设，把繁荣民族自治地方文化的发展作为民族区域自治制度的一个重要目标。国家在建设少数民族地区时，要坚持两手抓，一手抓物质文明，另一手抓民族地区精神文明建设。在少数民族地区建设精神文明的目的，就是要保护和发展少数民族自身所特有的文化。《民族区域自治法》对少数民族的语言文字、宗教、风俗等方面都进行了相应的规定。

加强民族地区的文化教育。我国少数民族众多，他们多处于边疆地带，地理位置偏僻，经济发展落后以及自身的历史文化传统等因素使少数民族群众的文化水平十分落后。所以，国家应加大教育的力度，应以公民道德教育为核心，职业教育为重点，文化教育为补充，全面提高少数民族文化素质，这对少数民族地区的经济发展有至关重要的作用。经济发展靠科技，科技发展靠人才，人才要靠教育来培养，由此，要发展少数民族经济，必须加强民族地区的教育，切实缩小民族地区与汉族地区在教育水平上的差距。

开展多种形式的文化活动。搞活少数民族地区的文化活动，繁荣少数民族群众的业余文化生活，提高少数民族民众的文化素养。建立活动中心、开办业余学校，读书看报、欣赏戏剧、观看影视、学习才艺、参加各种有益少数民族身心的文化活动，积极组织开展音乐、舞蹈、戏剧、曲艺等群众性文化活动，特别要繁荣民间艺术，弥补社会转型期城乡文化不平衡带来的空白，使其散发独特的魅力，体现民族特色和民族风格。

回首过去，在党的坚强领导下，全国各族人民始终同呼吸、共命运、心连心，展现出强大的凝聚力、向心力和创造力，取得了改革开放和现代化建设的巨大成就，显示了民族区域自治制度的巨大成功。面向未来，加强和改善党的领导，把民族区域自治制度进一步坚持好、完善好，我们就一定能够进一步把全国各族人民团结凝聚起来，同心同德地为推进中国特色社会主义伟大事业、实现中华民族伟大复兴而不懈奋斗。

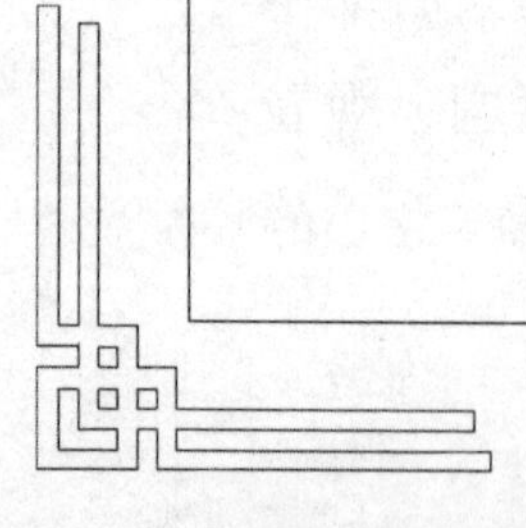